朝日新書
Asahi Shinsho 981

子どもを
うまく愛せない親たち

発達障害のある親の子育て支援の現場から

橋本和明

朝日新聞出版

まえがき

2023年6月、神戸市西区において、スーツケースに入れられた6歳男児が草むらから発見され、母親とそのきょうだい3人が傷害致死と死体遺棄で逮捕された。この事件が発覚したきっかけは、同居していた男児の祖母が自宅に閉じ込められ、そこから逃げ出して救助を求めたことであった。その後の捜査機関の調べでは、母親ら4人がおそらく死亡した男児が入っているスーツケースを引きずりながらぞろぞろ歩いている異様な光景が防犯カメラに残されてあった。

ただこの事件で注目しなければならない点は、報道によると、母親を含めて逮捕された4人はいずれも知的な能力の低さがあり療育手帳を取得していたということである。さらにもう一つ言えば、母親は家庭訪問をした区の職員に対して、亡くなった男児のことを「育てにくさがあり一時保護をしてほしい」と口にすることもあったことである。

上記のように、児童虐待によって子どもが死亡したり重傷を負ったりするなどの事件は報道で取り上げられる。そのときはなんて残酷で悲惨な事件だと思いはするが、あまりにもこの種の事件が多すぎて、もはやわれわれの感覚が麻痺《まひ》して、しばらくするとその事件は記憶の隅に押しやられてしまう。

ただ、そんな児童虐待の事件の中に被害者である子どもに知的な遅れや発達の遅れがあったり、加害者である親の方に知的もしくは発達の障害があったりすることをよく目にする。

考えてみると、子育てをする際にわが子ながらも手をやくようになってくると、親や大人の側にそのストレスが蓄積し、場面によってはイラッとくることだってある。そんなときに思いあまって子どもについ手が出てしまうというのは理解できなくもない。

ましてや子どもや親、もしくは双方に何らかの障害があるとすると、そのハンディキャップがあるゆえに思うように物事が進まず、葛藤が大きくなる。そして、通常ならそんな突飛で過激な行動手段を選ばないであろうと思われることも、本人の意図しないところでやってしまい、大きな事態を招いてしまう。

筆者はこれまで家庭裁判所や児童相談所での現場や大学での心理相談室でのケースはも

とより、犯罪心理鑑定や犯罪被害者鑑定の業務を通じて、発達障害が絡んでいる養育のあり方や親子関係をずいぶん見てきた。また、厚生労働省社会保障審議会専門委員として6年間、虐待で死亡した事例等の検証をしたり、近年では厚生労働省子ども家庭局（現・こども家庭庁）での「児童相談所における一時保護の手続等の在り方に関する検討会」の座長を務めたりするなど児童虐待全般にかかわってきた。そんな中で、先に述べたように、子どもに無関心であったり、愛情がわかなかったりするという親に数多く出会ってきた。

一見すると、周囲からは異様で残酷で、時には理解不能のように見られる子育てのありようではあるが、彼らの抱える障害の特性をしっかり理解していれば、それほど不思議ではないと思える。中には、ハンディキャップがありながらも、持っている能力を駆使して、上手に子育てをしている場面にも出くわす。

親の側に物事を捉える認知の歪《ゆが》みや特徴がある場合などは、ある場面では子どもに愛情をかけていたと思っても、別の場面に移った瞬間に親の視野から子どもが消えてしまい、子どもに無関心になって放任してしまうことだって大いにあると痛感させられた。

このような筆者の臨床経験から、認知に問題を抱える親に対して、いくら子どもに愛情をかけてあげなさいとか、親としての自覚と責任を持ちなさい、等と助言や指導をしたところでさほど効果は現れないことも学んだ。

本書で筆者が一番に主張したいことは、「子育ては愛情ではなく、技術である」ということである。こんな言い方をすると、発達障害のある親はわが子に愛情を持っていないとでも言うのか、親としての自覚や責任がないと言うのか、と批判されるかもしれない。もちろん私もそう考えているわけではない。発達障害がある親も一般の親と同様に子どもに愛情を持ち、自覚と責任のもとで子育てに従事されている人がほとんどである。ただ、筆者が言いたいことは、発達障害という特性があるゆえに、一般の子育て以上に彼らは困惑したり苦労をしたりすることがある、ということである。それを家族や周囲の者がまずわかっていなければならないのである。

次に、子育ては何も愛情だけがすべてではなく、技術を身につけることが大事なのだと言いたい。なぜならば、発達障害の人の中には、愛情などと抽象的なことを持ち出してもわかりにくかったり、それを持ち出すと逆に混乱したりする人だって大勢いる。それよりも、援助を求める親が具体的でわかりやすい技術を手にすることで、少しでも負担の少ない子育てとなり、それが子どもの健全な育ちにもつながると思う。それが筆者の言う「子育ての技術」なのである。

筆者がこの発達障害のある親の虐待について関心を持ち始めた頃、わが国はもとより諸外国にもそれに関する文献や研究は乏しかった。その後、発達障害そのものがかなり社会に浸透してきたこともあって、発達障害と子育てが関連する書籍や研究も見受けられるようにはなった。しかし、まだまだその数は少ないのが現状であり、本当に苦悩している親のところには届いていない。

その意味で、本書は発達障害があり、それゆえに子育てに今まさに奮闘されている親や、これから子どもを出産しようとされている親にぜひとも読んでいただきたい。また、この本の中には発達障害がある親に関することが多く持ち込まれているが、少し読んでみられるとわかるように、それは発達障害のない定型発達の親の方にも十分に通じることが書かれてある。そのため、よりよい子育ての方法やストレスを軽減できる養育を求められている方にも手に取ってほしい。

さらに言えば、筆者としては、この本は子育てを支援するさまざまな専門家にも大いに役立つはずなので、ぜひ、読んでほしい。そして、これまでの愛情論や責任論の子育てから解放され、そこに子育てという技術を提供する支援を考える一助になってくれると幸いである。

本書の構成は、全部で9章から成り立っている。第1章では、発達障害がある親がなぜ不適切な養育や虐待を行ってしまうのかを問題提起した。そこでは筆者がなぜこのテーマに関心を持つようになったのかということにも触れ、子育てには技術がなぜ必要なのかを説いている。

第2章では、養育を受ける子どもの方に発達障害がある場合を取り上げた。そこには愛着の形成不全の問題をはじめ、子どもの言うに言えない苦悩が隠されていることを述べている。同時に、子どもに発達障害があるために、親の側でも子育てのしにくさや不安などがあることを理解していくことの大切さを述べた。

第3章では、ここでもう一度立ち止まって、発達障害とはどのような障害なのかを考えることにした。われわれはわかったつもりになっている発達障害でも、その本質を見逃しているのかもしれない。まずは親も家族も支援者も発達障害ということをしっかり理解していくことから改めて考え直すこととした。そうでなければ、ボタンの掛け違いが生じてしまい、そこからもつれた糸がほどけなくなってしまう危険があるからである。

この第1章から第3章までがいわば長い導入の部分であり、次に続く第4章から第6章までは子育てに必要な大きな柱について取り上げた。まずは第4章の「社会性」、次の第5章の「コミュニケーション力」、そして第6章の「柔軟性」である。それぞれのことを論じるに際して、理解をしやすいように具体的な事例を紹介しながら進めて行くことにした。多くの事例を通じて、子育てのあり方を読者に考えてもらう機会となればと願うからである。

第7章に至っては、親の「認知」のあり方が虐待につながってしまう点について記述した。注意がそれやすかったり、偏ったりするような親の認知に問題がある場合、どのような子育てになるかを述べている。また、親のわが子への見方が実際の像とずれている場合や、親の自分自身に対する認知に歪みがある場合、さらには周囲の状況や危険を察知するときの認知のあり方に問題を抱えている場合など、それが虐待につながってしまうことも指摘した。

第8章では、そんな子育てに苦悩する親の子育てには「多様性」の視点が必要であると説き、そこに目をつけた子育ての乗り越え方を記述した。

そして、最後の第9章では、親が子育ての技術をいかに習得するかを親側の立場から論じるとともに、支援者側の立場でのかかわりの工夫についてもまとめた。

本書は単なる育児書ではない。子育てに苦悩する親やそれを手助けする家族や支援者に少しでもお役に立ちたいという思いから執筆した。そのために抽象的な論述は避け、具体的な事例を挙げながらわかりやすく述べたつもりである。

中には読者自身が自分にも思い当たることがあるかもしれないが、そんなときは子育てに苦労するのは自分だけではないと感じてもらえると嬉しい。また、読者が本書のどこかから子育ての技術を手に入れてもらえると、筆者としては大満足である。

なお、本書では多くの事例が取り上げられているが、いずれの事例も個人を特定することがないよう加工や修正がされていることをお断りしておきたい。

子どもをうまく愛せない親たち

目次

本文図版　伊藤理穂（朝日新聞メディアプロダクション）

第1章　発達障害がある親たちの苦悩

発達障害＝虐待ではない

どのような親であったとしても、自分は子どもに虐待を絶対にしないと言い切れる人はどれほどいるだろうか？　子どもの発育の早い遅いはもとより、持って生まれた子どもの気質によっても、親はイラッときたりすることは誰しもある。

また、親側の要因として、そのときに置かれた自身の家庭状況や職場状況などの環境の善し悪し、何をするにもうまくいかずに物事がうまく回っていかない状況に陥ってしまい、ストレス過多となってしまうことだってある。そんなときに子どもが言うことをきかなかったり、親の気持ちを逆なでするようなことを子どもから言われたりすると、ついつい声を張り上げてしまうことだってある。あるいは、そんなときには自分のことで精一杯で、子どもに関心を向けずにかかわらないで放置してしまうことだってあるかもしれない。

つまり、実際に虐待行為に至ってしまうか、親自身が怒りの衝動や欲求不満をコントロールできるかどうかの違いはあるにせよ、誰だって子どもを持つ親は大なり小なりの虐待をしてしまうリスクを抱えているのである。

そう考えると、本書のテーマともなっている発達障害がある親の虐待というのは、わざわざ「発達障害のある」と断り書きをしなくてもいいのではないかと思われる人もいるかもしれない。確かに、発達障害があるから、それが直接に虐待に結びつくというわけではない。

しかし、筆者がなぜそこに関心を向けたかと言うと、一般の親（ここでは発達障害のない定型発達の親という意味で使用する）の虐待と発達障害の親の虐待とを比較すると、そこには虐待に至るメカニズムがずいぶんと異なっている点があったからである。

それゆえに、発達障害のある親に一般の親へのかかわりや支援と同じように虐待対応をしていたのでは、なかなか改善が図れないばかりか、逆に虐待の悪化を招いてしまうことさえあることに気づいた。

もっとも筆者の胸に刺さったのは、発達障害の親自身が、外から見ているとわかりにくいものの、自分の子育てに深く苦しみ、それを周囲にも理解されずに孤軍奮闘している姿が見えてきたところであった。

そして、筆者が何度もくどいように言いたいのは、発達障害のある親が必ず子どもに虐待をしてしまうということでは決してないということである。発達障害者＝虐待者ではない。

そのことを理解した上で、この章では、親に発達障害があることが虐待にどのようにつながっていくのかを論じていくが、まず筆者にそれを気づかせてくれ、発達障害のある親の虐待についての研究を進めさせてくれた二つの事例を紹介したい。

1 「愛情をかけて」と言われ、虐待がエスカレートした事例

「私なりに愛情をかけたつもりです」

筆者は家庭裁判所調査官として勤務をしていた頃から虐待について関心を持ち、事件の処理やそれらの研究に従事してきた。裁判所を退職後も、児童相談所はもとより市町村の福祉事務所ともかかわりも深く、しばしばケースのスーパーヴィジョン（指導）を職員にし、ある時期は市町村での要保護児童対策地域協議会という虐待対応の地域ネットワークの会の代表をすることもあった。そんな活動をする中で出会った二つの事例である。

一つ目は、小学校1年生の女児の母親のAさんである。Aさんはわが子を殴ったり、ひ

ねったりする身体的虐待を与えていたため、児童相談所に通告がなされた。担当の児童福祉司はこのAさんを呼び出し、「お母さん、娘さんにもっと愛情をかけてあげてくださいよ。そして、娘さんの気持ちをもっとわかってあげてくださいね」と言って指導した。

Aさんは児童福祉司の言うことに反論することなく素直に聞いており、「そうします」と返答した。児童福祉司は、その母親Aの様子からすると、こちらの言わんとしていることをわかってくれたと少し安堵《あんど》し、2週間後に再度児童相談所に来てもらう約束をして、このときは女児とともに家に帰ってもらうことにした。

2週間後、そのAさんは女児とともに児童相談所を訪れた。そして、担当の児童福祉司がその後の様子を聞くと、Aさんの虐待は収まるどころか、ますますエスカレートしていたのである。

それを知った児童福祉司は呆《あき》れた様子で、「あれほど言ったじゃないの。娘さんにもっと愛情をかけてあげてと……」とやや感情的となって母親に訴えた。すると、今度はAさんの方が児童福祉司に対して、「私なりに愛情をかけたつもりです。それがなぜいけないのですか?」と言い返してくるのであった。

Aさんと児童福祉司のかみ合わない、ちぐはぐなやりとりがしばらく続き、児童福祉司も埒《らち》があかないと思ったのか、執務室にあった六法全書を持ってきて、「お母さんのやっていることは、ここに書かれてあることなのよ」。

児童福祉司が指し示した六法全書の箇所は、傷害罪について書かれてある刑法第204条の「人の身体を傷害した者は、15年以下の懲役又は50万円以下の罰金に処する」という部分である。

それを目の前で母親のAさんに読ませたところ、Aさんはそれまでの様子とは少し違い、何か思い当たるところがあるかのような態度となり、「これからは娘を叩いたりして怪我などさせません」と意外にも素直に述べるのであった。

児童福祉司はひとまずAさんの様子を見てみようと、この日もいったんは娘とともに家に帰ってもらい、やはり2週間後に再度会うことにした。

すると、2週間後に再会したとき、Aさんは娘に一切暴力は振るわなくなっており、怪我や痣《あざ》も認められなかったのである。娘にそれを確認したが、Aさんはあれから手を上げることはなかったと述べた。

このエピソードを聞くと、「この母親は身体的虐待をしていると傷害罪で警察に検挙され、処罰を受けるので暴力など振るわなくなった」と誰しも思うのではないだろうか。実際、筆者も最初はそのように感じた。

しかし、よくよく聞くと、この児童福祉司はそれまでにも、Aさんが子どもにしていることは法律に抵触して警察に捕まる可能性があることを告げていた。それなのになぜそのときは虐待が止まらず、六法全書を読んでから行動が変わったのだろうか。

なぜ虐待はピタリと止んだのか

実は、このAさんは自閉スペクトラム症があり、他者の立場に立てず、相手の気持ちを理解したり配慮したりすることが苦手なところがあった。知的な能力は標準的であるにもかかわらず、抽象的なことを理解するところは一般の人よりもかなりずれていた。

そのため、「愛情をかけてあげてください」という児童福祉司の言葉の持つ意味がしっかり伝わっていなかったのではないかと考えられた。現に、Aさんは「愛情」とはどういうことを示すのか、それを示す行動とはどういったことなのかをよくわかっていなかったのである。それが児童福祉司との面接でも何か所か見られた。

Aさんからすると愛情とは、娘が言うことをきかなかったりAさんの期待していることをしなかった場合、手を上げて叱ったり行動を正したりすることだと受け止めている節もあったのかもしれない。叩かれた子どもの気持ちよりも、よい子になってもらいたいというAさんの気持ちが優先され、それが愛情だと理解していたと感じられた。

それゆえに、児童福祉司からの「もっと愛情をかけてあげて」という言葉がAさんにとっては、相手の気持ちを尊重するよりも、娘を何が何でもよい子にさせるという意思を強くしなければという考えにつながり、これまで以上に虐待が深刻化していったと考えられる。

確かに、自閉スペクトラム症の人の中には、この事例のように「愛情をかける」というのがどうすることなのかわからなかったり、あるいは「親密になる」ということがわからず、いきなり異性の体に触ったりしてしまうという場合も見受けられる。

定型発達の人であれば、「愛情」や「親密」というのがどういうことかというのは辞書での定義のように明確に述べられなくても、なんとなくこういうことだというのが共通理解として持っている。

しかし、自閉スペクトラム症のある人では、そんな共通理解とはなりにくい、独特の捉え方をしていることが珍しくない。そのためAさんの児童福祉司とのやりとりを見ればわかるように、愛情の認識が大きくずれてしまう。

結果的にはAさんに六法全書の条文を読ませ、自分のしている行為を客観的に捉えさせ、それが愛情ではないことを理解できたことは大きな意義があった。そのことが母親の行動改善に結びついたと言える。

そのように考えると、このような自閉スペクトラム症の特性を持つAさんに対して、「愛情をかけてあげてください」「娘さんの気持ちをもっとわかってあげてください」という言葉がけが果たしてよかったのだろうかと思ってしまう。愛情が何かわからず、他者への配慮がしにくい人にそれを強く求めることは相手をますます混乱させ、事態を悪化させてしまうことになりはしないだろうか、と考えさせられるのである。

筆者はこのAさんの事例に出会って、支援者が愛情を振りかざすような支援を親に要求したり、それを目指していこうとしたりすることにどこまで効果があり、そして意味があるのかと考えるようになった。

もちろん、愛情についての共通認識があり、それを理解し感じ取れる人であれば、こうしたアプローチも悪くはない。しかし、問題は自閉スペクトラム症の特性があるなど、それがしにくい人である。彼らにとっては、抽象的でわかりにくい愛情をかけることが混乱を招き、逆にそのことが弊害になることがある。

それよりも、子育ての具体的な方法や、時には独自の養育の工夫を目の前の親と一緒になって考えていくことの方が、虐待防止には有効であると思えたのであった。

2　虐待事実をあっさり認めるが、行為をやめない事例

虐待に「何か問題でもあるんですか?」

もう一つ筆者には印象的な事例があった。

この事例は、小学校2年生の男児の父親であるBさんで、わが子に暴力を振るって顔に怪我をさせたことから福祉事務所に虐待通告され、ケースワーカーがかかわったものである。

担当のケースワーカーはこのBさんと面接すべく福祉事務所に呼び出した。実はBさんに面接するのは今回が初めてではなく2回目であり、以前にもBさんは息子に手を上げて痣を作ったことがあったのである。

ケースワーカーは子どもが怪我をした事情をBさんに聞いていった。「息子さんの顔に

ある怪我はお父さんが叩いたときにできたものなのですね」とケースワーカーが尋ねると、Bさんは「そうですけど」とあっさり自分の虐待行為を認めた。

虐待をした親の場合、関係機関の職員から聞かれても、「この傷は階段から落ちたときにできたものだ」とか、「まったく知らない間に怪我をしていた」と自分の虐待行為を否認するのが比較的多い。なぜなら、それを認めると、養育のあり方の問題を自分自身が認めたことになるし、それだけでなく、「悪い親だ」と自分が責められたり、時には児童相談所が親のもとから子どもを離して一時保護をしかねないからである。

さらに言えば、警察の捜査が入って、自分が逮捕されたり刑罰を受けたりすることもある。そのために、隠し通せるところは事実を認めずにしらを切る態度となることも決して珍しいことではない。

しかし、Bさんはすんなり自分の虐待行為を認め、ケロッとした様子でもあった。そればかりか、ケースワーカーが驚いたのは、その直後にBさんが「それが何か問題でもあるんですか？」と不思議そうに尋ねたことであった。

以前に会ったときも、Bさんは自分のしたことを素直に認めていたので、このケースワーカーは二度とBさんは同じことはしないだろうと踏んでいた。しかし、その予想はまったくはずれた。それだけでなく、以前とまったく変わらず、ケロッとした様子で事実だけは認めていることにも違和感さえ抱いた。

これだけを聞くと、Bさんはケースワーカーに尋ねられ、ある意味では開き直りのような態度で言い放ったと思うかもしれない。しかし実際にはそうではなく、Bさんは自分が息子を叩いて怪我をさせたことを、まったく悪いこととも間違ったことをしたとも考えておらず、当然のことをしたまでだという認識でいるようだった。

物の見方や考え方のズレ

そこで、ケースワーカーはこのBさんとじっくり話をしていこうと考え、さまざまな情報を集めた。その結果、いろいろと聞き出したエピソードから、Bさんには自閉スペクトラム症という特性があることがわかってきた。

つまりこのBさんは、叩かれた子どもの気持ちに立てず自分本位な考えで叩いてしまうことが少なくなく、しかもそんな自分が周囲からどう見えるかや、自分がしたこと自体を客観的に捉えられずにいるのである。

通常なら、叩かれた被害者である子どもの身になって想像力を巡らせ、「どうして叩いてしまったんだろう」と自分の気持ちや行動を冷静に捉えたり、「まずかったかなぁ」「やりすぎたかなぁ」と反省したりすることもあろう。

しかし、この父親にはそのようなことが一切なく、そんなことはすべきではなかったという認識すら持てていないのである。言い換えると、そこにはずいぶんものの見方や考え方のズレがあるのである。

そんな自閉スペクトラム症の特性があるBさんであるために、なかなかケースワーカーの指導や助言が入らず、同じような虐待行為を繰り返してしまう。

先に、一般的に言えば、虐待事実を隠したり誤魔化したり、すぐには認めないことが多いと述べたが、このような親への対応はまずはしっかり事実をつかんでいき、そこでの親の気持ちや考えを聞いていくところから、虐待の担当者とのかかわりが始まる。そして、その後は自分がしたことを率直に親に受け止めさせ、今後は虐待に至らないような適切な子どもへのかかわりを一緒に考えていくというプロセスとなっていく。

しかし、Bさんのように、虐待の事実を否認せずに素直に認めながらもいっこうに改善しないという場合は、どのように担当者はかかわりを持てばいいのか悩んでしまう。

親が、自分のした虐待行為は悪いという認識がないので、とりあえずそこをいかに理解させていくかが当面の目標になるが、それだけでなく、自分自身を客観的に捉える方法をいかに身につけさせていくかということも時には必要になってくる。

さらに言えば、Bさんの虐待行為が止まない場合は、子どもをBさんのもとから分離させたり、Bさんに対して、自分には自閉スペクトラム症の特性があることを自覚してもらうために、どうやって医療機関とつないでいくかということも検討し、どこかで自身の障害の理解や障害の受容をさせたりすることも考えていかざるをえないのかもしれない。

3　虐待行為の背景にある「親の発達障害」に気づく

「自分勝手なひどい親」と非難する前に

この二つの虐待事例を検討したところ、いずれにも共通する点があった。それは発達障害がある親の虐待事例では、こちらが「アレ?」とどこか違和感を抱く場面があることである。しかもそれらは定型発達の親の虐待事例とは少し異なる、どこか妙な感じがする。

言い換えると、その妙な感じとは、親の話を聞いても納得の得にくさや腑《ふ》に落ちなさがある。実はそこに発達障害の特性が隠されており、その特性のことを踏まえて、虐待のメカニズムを考えていくと、理解につながる。

しかし、発達障害のことをあまりよく知らず、上記のような虐待事例を見聞きすると、「自分勝手なひどい親」「何を考えているのか理解しにくい親」として映ってしまう。これは無理もないことではある。なぜなら、そんな理解よりも、まずはこれらの親への偏見や嫌悪の感情が先に立ってしまうからである。しかし、そうなってしまうと、ますますこのような事例の親に適切な介入や支援が届かなくなり、そこにいる子どもが一番の被害者となって困ってしまう。

それに加えてもう一つ重要なことがある。それは定型発達の親へのかかわりとは少し違って、うまくコミュニケーションができなかったり、ものの捉え方や見方が独特であったりするために、通常のやり方ではうまくいかないことも多いということだ。先の母親Aさんの事例のように、「愛情をかけてあげて」ということがますますそのAさんを混乱させて虐待がエスカレートした。また、父親Bさんのように虐待事実を認めていてもいっこうに虐待行為が改善しないということも生じてくる。

こんな事例に出会って、筆者は虐待行為の背景にある親の発達障害のことをもっと明らかにしなければ適切な支援や介入はできないと痛感した。また、そこにアプローチをする際には、親をはじめとするさまざまな関係者の語るエピソードや話し方の中にある納得の得にくさや腑に落ちない「アレ?」を頼りにしていくことが重要である。

そして、そんな親と話し込んでいくと、発達障害のある親自身は実は子育てに相当に困っており悩んでいることがある。また、子育てへの悩みを自分で自覚しにくい人や、自覚はできても周囲へのヘルプの出し方がわからず、ひとりで苦悩を抱えてしまっている親も意外と多い。彼らとかかわる際には先にも取り上げたように、「愛情をかけてあげて」といった愛情論や、「親としての責任を持ってください」といった責任論ではうまく事態を乗り越えていけないことも痛感させられた。

いずれにせよ重要なことは、目の前にいる親がどこで・どのように、円滑にいかない子育てに困っているのかをしっかり捉え、一般論の助言や指示ではなく、その親にぴったりするオーダーメイドの子育て技術が必要だということである。

しかしながら、これは言うのは簡単であるが、実際にやってみるとなかなか難しいところがある。そして、いくら発達障害のことが社会に広まってきたとは言っても、その本質を理解せずに一面だけしか捉えていない面もまだまだ多い。さらに言えば、親自身も自分が発達障害であることすら気づいていないことも少なくなく、それらの状況の中で、彼らの子育てがうまくいくように支援していかねばならない。

上記のことが筆者の発達障害のある親の虐待への関心を高めた。同時に、子育てには愛情や責任も大切ではあるが、それよりも子育ての技術を身につけ、それを高めていくことが必要であると感じさせられたのである。

第2章 発達障害のある子どもは なぜ虐待を受けやすいのか

発達障害と虐待との関係を論じる際に、親の側に発達障害がある場合と子どもの側に発達障害がある場合と、さらに親側にも子ども側にも双方に発達障害がある場合の三つのパターンが考えられる。

この章では、主に子どもの側に発達障害があるということでそれが虐待のリスクとなりやすいことを取り上げ、なぜそうなるのかについて述べていきたい。

1　子どもの発達障害と虐待リスク

なぜ虐待に結びつきやすいのか

第3章で発達障害という概念について改めて説明することになるが、これが登場してからせいぜい20~30年といったところであろうか。まだまだ歴史の浅いところもあるが、それでも発達障害の概念が急速に社会に広がり、それについての理解や支援が普及してきている。

虐待との関係で言うと、発達障害のある子どもが虐待を受けてしまうリスクは高いと言われ、それについての研究も数多く出ている。2000年に実施されたサリバンとクヌートソンの調査では、障害のある子への虐待発生率は31・0%と、障害のない子の虐待発生率に比べて、実に3・4倍の高さであったと報告している。また、細川徹と本間博彰の研究では、障害児の中でも、身体障害よりも発達障害の方が虐待を招きやすいと指摘している。さらに、杉山登志郎の研究では、虐待症例の中に、広汎性発達障害（自閉スペクトラム症）が全体の25%、注意欠陥（欠如）多動性障害が20%で、何らかの発達障害の診断が可能な子どもは実に55%に達するとも報告している。最近の研究報告も含めて考えると、子どもに発達障害があることにより、親から虐待を受けるリスクが高くなることはこれらのことから明らかである。

では、なぜ発達障害のある子どもの子育てにおいては虐待のリスクが高まってしまうのだろうか。定型発達の子どもを育てることと、発達障害のある子どもを育てることに、それほどまでに大きな違いが果たしてあるのだろうか。さらに言えば、仮に子どもに障害があった場合においても、その障害が身体障害であるのと発達障害であるのとに虐待リスクの違いがあるのはどう考えればいいのだろうか。

このような話の展開をすると、発達障害のある子どもは必ず親からの不適切な養育を招くといった誤解につながりやすいので、あえて釘《くぎ》を刺して言いたいのは、発達障害児＝被虐待児では決してない、ということである。

実際に、多くの親が発達障害のあるわが子を非常に適切に養育され、驚くほど上手に子どもとかかわっておられるのを目の当たりにする。その苦労や工夫は本当に見ていて脱帽する限りである。発達障害があるからと言って、それが虐待に必ずしも結びつくわけではないということを確認しておきたい。

ただ、統計上言えることとして、定型発達の子どもよりも、さまざまな障害のある子どもの方が親から虐待を受けるリスクが高いということになる。では、なぜ発達障害のある子どもが虐待と結びつきやすくなるのかを検討していきたい。

2　愛着形成のしにくさ

わが子を愛おしいと思えない事態に

まず挙げられる虐待のリスクに関連する要因の一つは、親子の間で愛着の形成がしにくいことである。特に、自閉スペクトラム症児や注意欠如多動症児の場合にはそれがしばしば見られやすい。

そもそも愛着とは何かを説明しておかねばならないが、愛着と愛情とは少し意味合いが違う。愛着というのは、困ったときや不安なとき、恐ろしいときなど、子どもは信頼できる大人（主には養育者）に近づき、触ってきたり、抱きついてきたりするという行動を指す。英語で愛着はアタッチメント（attachment）と言うが、まさに「近づいてきてタッチする」という意味になる。日本語では「ひっつく」「くっつく」「なつく」といったニュアンスの方が表現としてはぴったりくる。つまり、いずれも「つく」という感覚が愛着には伴うのであり、それが本来の持っている意味合いである。

子どもが生まれたときは誰とも関係を持たないが、養育者（ほとんどの場合は親となるので、以下は親と記述する）の献身的な世話によって、子どもと親との間に関係性が生まれてくる。このもっとも基本となるのが愛着の形成なのである（近年の研究では、子どもは母親の胎内にいるときから母親の声が聞き分けられるとの報告もあり、出産前から子どもは母親との関係を持っているとも理解してよいかもしれない）。

では、その愛着がどのようにして形成されるのかをもう少し詳しく述べたい。まず生まれてきた赤ちゃんは空腹や気持ちが悪いとき、あるいは眠たいときなどのように不快や痛み、違和感があると泣くという行為をする。その際、泣いている赤ちゃんの前に親が顔や姿を現し、声かけをしたり、おっぱいをあげたり、オムツを替えたり、抱っこするなどして不快や痛み、違和感を取り除く。このようなことを何度も何度も繰り返す中で、赤ちゃんは不快や痛み、違和感があると親が目の前に現れてそれを取り除いてくれることを身をもって学習する。

その赤ちゃんが少し成長し、ハイハイや歩き始めるようになると、親のところから少し離れたところまでひとりで向かう。しかし、目の前にふと親がいないことを知り、不安や恐怖などを感じると、親を振り返り、親のもとに戻ってきて触ってきたり、ひっついてきたり、抱っこを求めたりする。

これがまさに愛着に基づく行動で、その子どもにとっては将来の人間関係を築く土台となる。つまり、愛着を示す大人が自分を守ってくれるという安全な避難場所となり、次にはその大人との関係が安心基地となって、そこから離れていろんな世界を積極的に探索し、子どもに自律性を与え、自分への自信さえも得るのである。いずれにせよ、子どもにとってはこの愛着をいかに形成させるかがその後の発達には重要と言える。

しかし、発達障害のある子どもの場合はどうかと言うと、定型発達の子どもよりも愛着形成が遅れたり、うまく形成しにくかったりする面が見られる。特に、自閉スペクトラム症児や注意欠如多動症児の場合は、しばしばそれが見受けられる。

例えば、自閉スペクトラム症の子どもの中には、自分の名前を呼ばれても呼んだ人の方を振り向かなかったり、話をしている相手と視線が合わずアイコンタクトが取りにくかったりする子がいる。そのため、親はわが子とコミュニケーションを図ろうとするものの、思うようにコミュニケーションが成立しない。そうなると、子どもに対してなかなか共感がわきにくく、ひいては子どもを愛《いと》おしく思いにくいという事態にまで発展してしまうことがある。

「いつも丸太ん棒を抱いているようだった」

子どもの名前を呼び、その子がこちらを振り向いて、ニコッと笑顔で応答してくれると、それだけでも親は子どもとの関係性を確認でき、心底「かわいいねぇ」と思えてくるものであるが、自閉スペクトラム症の場合はなかなかそうはいかないこともある。

注意欠如多動症の子どもにおいては、自分の興味のあることや関心のあることに刺激を受けやすいため、じっとしていられなかったり相手の話を聞けなかったりすることもある。少しひとり歩きができるようになると、今まで寝て見ていた光景とは違い、周囲が興味や関心のあることだらけで、そちらにまっしぐらに突き進んでしまう。

そうなると、先ほどの愛着で説明したときのように、後ろを振り返り親のことを確認したり、不安になって親のもとに戻ってきたりという行動にはつながりにくい。また、親が子どもと話をしようと思っても、子どもの方はすぐに注意がそれて、親の言わんとすることを中途半端に理解し、満足のいくコミュニケーションとなりにくい。親自身も子育てに不全感を抱き、子どもとの関係も満足の得られるものとはなりにくくなってしまう。

また、発達障害の人の中には感覚の独特さを持っていることもしばしば見受けられる。その一つに感覚の過敏さが挙げられ、触られたり抱っこされたりすることをとても嫌がる子もいる。

通常なら、優しくなでられたり触られたりするのが心地よいものであるが、その子にとってはそれが不快にしか感じられない。そうなると、愛着の原点であるひっつく、くっつく、なつくといった「つく」という行為が安心感、安全感とはならずに、不快感や嫌悪感となってしまう。

自閉スペクトラム症の子どもを持つ親がわが子を抱いても、「いつも丸太ん棒を抱いているようだった」と感想を述べられたりすることがあるが、まさにこのことなのである。つまり、その子どもにとっては抱かれることが気持ちのよいものではなく、逆に身をこわばらせてしまい、親の方に身を預けない行動となる。

本来なら愛着が形成される頃になると、子どもは親を安全で安心な基地とするため、首がすわる頃から1歳になるまでの間に親の方に身を預け、自ら抱かれやすくするものである。しかし、それがうまくいかず、先の丸太ん棒のような状態になってしまう。

こうなってしまうと、親側としてはわが子が自分に身を預けてくれない物足りなさや抱いても機嫌を取り戻してくれないもどかしさ、逆に泣くのがますます激しくなってしまうために育てにくさやかかわりにくささえも感じてしまう。

3　発達のスピードの緩やかさ

「どうしてうちの子だけ」という強烈な不安感

発達障害のある子どもが親から虐待を受けるリスクとなるもう一つの要因は、定型発達の子どもと比べて、発達スピードが緩やかであることが挙げられる。そのため、親はわが子の発達が他の子どもよりも遅れていると焦りや苛立ちを感じやすくなってしまう。それがだんだんエスカレートしていくと、そのことが気になって仕方なくなり、ゆとりを持った子育てがしにくくなっていく。

具体的なことで言えば、わが子に言葉がなかなか出てこなかったり、トイレット・トレーニングが円滑にいかずにいつまでもオムツをさせていたりするなどがある。そんなときに親として考えやすいことは、「他の子に比べてどうしてうちの子だけは……」と感じたり、「このまま発達が止まって、将来どんなふうになるのだろうか」と不安になったり、こうした状況が続けば悲愴感や絶望感さえも抱いてしまう。

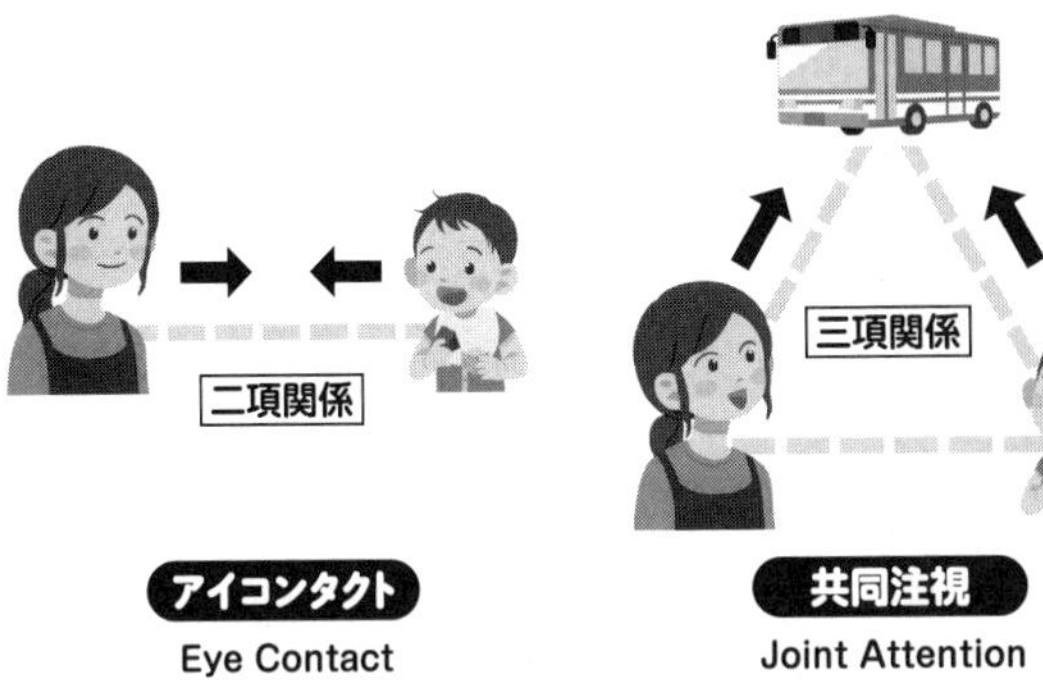

図2－1　アイコンタクトと共同注視

子どもが言葉を習得する背景には、親が指さしをしたモノ（仮に、指を指した先に自動車があれば、その自動車）に子どもが視線を向け、そして、親が子どもに対して発した言葉（この場合であれば、〝ブゥーブゥー〟という自動車を表す言葉）があるという共同注視（Joint Attention）が成立していなくてはならない。

通常なら、生後3か月頃になると、親の視線を子どもも追うようになり、生後5～6か月頃になると子どもは自分が発する声で親の注意を引こうとし、生後9～10か月にもなると子どもは自分で指さし行動ができるようになる。

このような発達をする中で、親の意図を汲み理解できるようになってくる。しかし、自閉スペクトラム症の子どもの中には、親の視線を追わないし、ましてや親が指さしたモノに視線を持っていかないため、仮に親が発した言葉（この場合であれば、〝ブゥーブゥー〟）が何を指すのかわからず、言葉が覚えられなくなってしまう。

そうなると、親としては、子どもにどのように言葉を覚えさせればよいのか手応《てごた》えが得にくくなり、いつまでも一語文が出てこないわが子の言葉の遅さに途方に暮れてしまう。

また言葉の習得だけに限らず、さまざまなところで発達の遅れを感じさせられることもある。例えば、注意欠如多動症の子どもの場合であれば、何度教えても同じ失敗を繰り返してしまう。学習したことが身につかないと言ってしまえばそれまでであるが、それはそもそも持っている注意がそれてしまうという特性の影響も大きい。

それゆえに、「水は出しっぱなしにしてはいけません」と何度親が言っても、手を洗った後にいつも蛇口を閉めずに次のことをしてしまう、といったことになる。そして、こんなことが一つや二つではなく、生活全般にあちこち起こってくると、親としてもたまったものではない。生活訓練をしてもそれが身につかないという問題は発達の中でも親を苦しめる大きな要因となる。

確かに、発達障害のある子どもは定型発達の子どもに比べて、発達のスピードは緩やかであるかもしれないが、発達をしないわけではない。発達障害の特性のゆえに、先にも取り上げたように親が指さしたモノに視線を向けなかったり、注意がそれて蛇口を閉めるという行動まで結びつかなかったりするが、特性が相当に重くない限り、年齢とともにできるようになってくる。それらの学習の仕方が定型発達の場合と少し違うために、そのスピードは緩やかなものとなりはするが、それができないわけではない。

しかし、親としては、「同じ年齢の他の子どもはもうとっくにそれができているのに、わが子はできない」とそこだけを過剰に意識してしまうため、育児のストレスを高めてしまう。

孤立していく母親

筆者が行った犯罪心理鑑定の事例の一つで、母親（被告人）がわが子を殺害した事件があった。その子どもは4歳になっても一語文（例えば、〝チョコレート〟）しか話さず、二語文（例えば、〝チョコレートほしい〟）が言えなかった。1歳のときから、名前を呼んでも振り返らず、目と目が合うことも少なく、この子の姉の様子とは少し違うと感じていた。

言葉だけではなく、トイレット・トレーニングはもとより、歯磨きや衣服の着脱も時間と手間がかかり、「姉の場合はこれぐらいの年齢のときにはここまでできていたのに……」と発達の遅れが母親としては気になって仕方なかった。

年齢が大きくなるほどに他の同年齢の子どもとの成長の開きを感じ取り、さまざまな発達支援センターや教育相談機関に行き、発達検査なども受けさせた。しかし、まだ子どもの年齢も幼かったこともあり、どこに行っても発達障害とまでの確定診断はされず、「しばらく様子を見ましょう」と言われるだけだった。

家庭においても、毎日子どもの様子を父親に報告するも、父親は「そんなに気にする必要はない」「思い込みすぎ」とさほど母親の話を熱心に聞いてくれるわけではなかったので、ますます母親は家の中でも孤立していった。母親の育児ストレスが限界に達し、最終的にはベランダからわが子を突き落とすという虐待行為に及んでしまったのである。

この母親は決してわが子に対して憎くて虐待したわけではない。逆に、わが子のことが心配でたまらず、発達が停滞していることや将来のことを悲観的に考え、このままではわが子がかわいそうでならないと思い込んで殺害に至ったのであった。そこに、家族の支えや周囲のフォロー、専門機関の支援がもう少しあればこのような事態にならずに済んだかもしれないと残念でならない。

4　発達障害の気づきにくさ

問題は、発達障害よりも自己肯定感の低下

もう一つ言えるとするならば、発達障害のことが周囲の者からは気づきにくいことも、虐待へと発展してしまう要因である。

身体障害の場合はある意味では外からは障害があることがわかりやすいと言える。そのために、身体障害のある人に対しては周囲も手を差し伸べやすかったり、気遣いをしやすかったりする。それに比べて、発達障害の場合は外から障害を抱えていることがわかりにくい。

例えば、注意欠如多動症の場合には、何度も失敗を重ねるおっちょこちょいな人だというように、性格的な問題、あるいは養育の不十分な問題だと見られ、自閉スペクトラム症の場合には、周囲への配慮ができない自分勝手な人、空気が読めず常識がない人のように見られてしまいやすい。それが、未熟さが残り社会性が備わっていない子どもとなると、

余計に発達障害の特性があることが見逃されてしまいやすくなる。

確かに考えてみると、幼い子どもは自分のことを中心に物事を考えたり、欲求を上手にコントロールできずに衝動的に動いたりしやすい。そのため、それが子どもとしての特徴なのか、そこに発達障害の特性があるのかは、なかなか周囲は気がつけないことも多い。

親自身も同じで、「さっきも注意したでしょ！」「何度言ったらわかるの！」とだんだんと感情的になり、抑えきれなくなって、手が出てしまうという事態にまで発展するかもしれない。

発達障害に気づかないということは親や周囲だけとは限らない。障害のある本人自身にも同様のことが言える。本人からすると、叱られたあとは自分でも同じ失敗をしないでおこうと反省はしたのに、なぜ同じ失敗をしてしまうのだろうと不思議に思っていることは実は珍しくはない。

しかもそんな失敗が繰り返されると、「自分は親の注意をきけないダメな人間だ」「人の気持ちを逆なでする情けない奴《やつ》だ」と自分を誇りに思えず、自分を大切だと感じたり、自分の能力に自信を持ったりするといった感覚をしだいに喪失させてしまうことにもなる。

発達障害の特性そのものが、社会へのさまざまな適応を困難にする原因になることも少なくない。しかし、実はそれよりもこのような失敗体験を経る中で増長する、自己肯定感・自己効力感の低さが、将来的により大きな社会的な不適応や非行や犯罪、逆に社会から撤退するなどのひきこもりを生むことも多いのである。

特定の勉強だけ苦手な限局性学習症

発達障害の中に、限局性学習症（学習障害）がある。この限局性学習症は学校の成績が悪いことを示すわけではなく、通常は知的な能力には問題は見られない。

そもそも学習と一口に言ってもいろいろな機能があり、「読む」「書く」「推理する」「覚える」「計算する」等がある。限局性学習症はその一つか二つの機能だけができないという障害のことである。

それゆえ、例えば、学校では国語や社会、理科などほとんどの科目は人並みにできるが、算数の2桁以上の計算になるとまったくできないといった小学6年生の児童がいる。あるいは、漢字をいくら勉強しても、つくりとへんをいつも逆にして書いてしまったり、鏡文字といって、「し」を「J」と書いたり、「の」が逆の巻き「の」になったりする。英語だけができないという人もおり、虐待の英語である「abuse」を覚えようとしても、「a」

「b」「u」「s」「e」が並んでいるだけにしか見えず、「abuse」とは読めないという人もいる。

そういう人は、自分は算数が苦手、漢字が苦手、英語が苦手と単に思っているかもしれないが、実は限局性学習症の特性がある場合も考えられる。ましてや親や周囲からは、「やればできるのに苦手なところを勉強していないからだ」「手を抜いている、サボっている、集中していない」等と受け取られてしまう。

ある父親は漢字を覚えられず、いつも漢字テストの成績が悪いわが子に夜遅くまで漢字の勉強をさせた。それでも翌日のテストでは同じように悪い成績をとってくるので、さらに夜遅くまで厳しい勉強をさせ、それでも効果が上がらないと体罰までするに至ったケースもあった。

いずれにせよ、発達障害の特性は親にも周囲にも、そして本人にもわかりにくい。本来ならそのような障害のある子どもに配慮のある子育てやかかわりが必要であるのに、それが見逃されているために、ついつい無理な要求を子どもに押しつけてしまいやすく、それが虐待となってしまうのである。

そして、子ども本人も自分の障害に気づきにくいこともあるので、本来なら抱かなくてもよい劣等感を抱き、自分を卑下《ひげ》することも起こりやすい。その結果、親からの虐待を「自分がダメだから仕方ない」と受け入れてしまったりすると、事態がますます複雑化されていくのである。

第3章　発達障害の本質

発達障害の親・子についてさらに踏み込んでいく前に、発達障害のことをまずしっかり理解したいものである。そうでなければ、障害についての間違った理解や対応に向かわせてしまうことになりかねない。例えば、発達障害があると虐待されてしまう、発達障害があると虐待してしまう、という偏見や誤った理解につながりかねないのである。

そこで、本章では発達障害の特性を理解するとともに、その本質に迫ってみたい。

発達障害がある者と虐待の三つのパターン

これまで親に発達障害がある場合に虐待と結びつきやすくなることを第1章で述べ、子どもに発達障害がある場合に虐待のリスクとなりやすくなることを第2章で取り上げてきた。それらを図式化すると、図3－1のようになる。そこでは、発達障害がある者と虐待とのパターンが大きく三つあると言える。

一つ目は、子どもには発達障害はないものの、親の側に発達障害があり、それが虐待につながってしまうというものである（Aパターン―第1章で取り上げた内容）。二つ目は、親の側には発達障害はないけれども、子どもに発達障害があるために虐待となってしまうものである（Bパターン―第2章で取り上げた内容）。そして、三つ目は、子どもの側にも親の

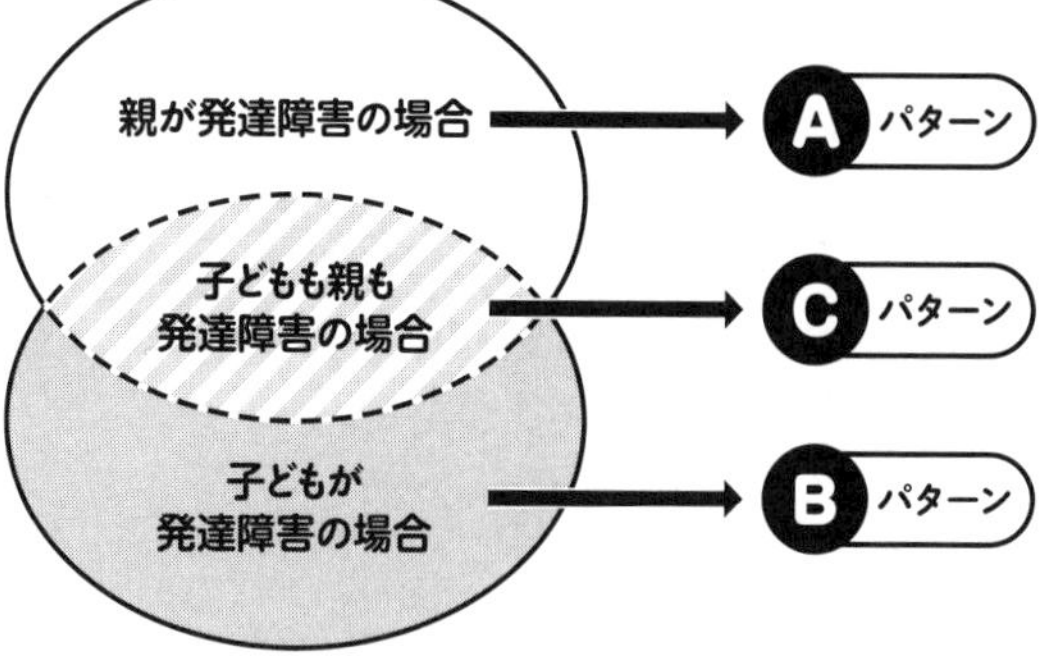

図3－1　子どもと親の発達障害の有無と虐待の三つのパターン

側にも発達障害があり、それが虐待に向けて加速度的に進んでしまうというものである（Cパターン）。

本書では、親自身が発達障害を有し、それが適切な子育てにつながらず、虐待にまで至ってしまうということに焦点を当てているので、Aパターンを主に取り上げることになる。

しかし、子どもに発達障害があるBパターン、もしくはCパターンの場合も、虐待への理解や対応の観点からすると決して軽視できないものである。

それだけではなく、Cパターンのように、子どもも親自身も発達障害である場合は、それらがかけ算のようになって相乗的に事態を複雑化してしまう危険が思いのほか高くなり、虐待が深刻化してしまうことも少なくない。

1　発達障害の本質

発達障害の種類

発達障害という言葉や概念がずいぶん広がり、一般の人にも認知されるようになった。これは2016年4月からスタートした障害者差別解消法（正式には「障害を理由とする差別の解消の推進に関する法律」）の影響も大きく、不当な差別的取扱いを禁止し、合理的配慮の提供を行っていくことがその大きな目的として定められたことと関連が深い。さらに、2021年5月にこの法律は改正され、国や地方公共団体だけでなく、これまで努力義務であった事業者に対しても社会的障壁の除去をすべく合理的配慮を義務づけ、それが2024年4月から施行された。

このような法律の制定だけでなく、学校や会社、地域社会においても発達障害への積極的な理解をしようとする動きが強まり、発達障害を有する当事者も自分に障害があるということをカミングアウトすることも増えてきた。

ただ、その一方で、「発達障害の人とどうつきあっていけばいいのかわからない」「やっぱり変わった人だと思う」といった不理解も少なくなく、多くの偏見や差別がまだまだ残っているのも事実である。

アメリカの精神医学会の精神疾患の診断分類第5版（以下、DSM－5）から、障害に対する偏見や差別を生まないようにと、これまで「○○障害」と呼ばれていたものを「○○症」と統一して呼んでいる。発達障害についても神経発達症と呼ぶことになった。

この神経発達症では、知的発達症、自閉スペクトラム症、注意欠如多動症、限局性学習症、発達性協調運動症、常同運動症と分類されている。ここでは、わかりやすいように従来の名称である「発達障害」という用語を便宜的に使うこととするが、その中でも本書のテーマである虐待と関連しやすい知的発達症（Intellectual Developmental Disorder）と自閉スペクトラム症（Autism Spectrum Disorder）、注意欠如多動症（Attention-Deficit/Hyperactivity Disorder）の三つを取り上げ、その障害の特性や本質について説明することにする。

①知的発達症

その後のＤＳＭ－５－ＴＲ（Text Revision）によると、知的発達症（もしくは知的能力障害と呼ぶが、本書では「知的障害」と以下呼ぶことにする）は、「発達期に発症し、概念的、社会的、および実用的な領域における知的機能と適応機能両面の欠陥を含む障害である」と説明している。一般の人は知的障害と発達障害は別物であるとの捉え方をしている人も多いが、発達障害の中の一つに知的障害がある。

知的障害を診断する際、知能指数であるＩＱが非常に重要な基準となり、「ＩＱ70未満」が一般的な判断の基準となる。ただし、都道府県によっては障害認定をする際、「ＩＱ75未満」とするところもある。そして、知的障害の重症度は、軽度、中度、重度、最重度に分けられ、軽度の場合は「ＩＱ50～69」、中度の場合は「ＩＱ35～49」、重度の場合は「ＩＱ20～34」、最重度の場合は「ＩＱ20未満」となる。

軽度の知的障害の場合、就学前ではその障害があることがわかりにくい。やがて小学校に入学し、学校で本を読んだり、文字を書いたり、計算したりする学習に取り組むことになって初めて、他の児童よりもやや能力が劣っているとわかる。だからと言って、日常生活で常に誰かの助けが必要かというとそうでもなく、成人になってからも買い物や時間管理などはある程度はでき、ひとりで生活している人も多い。それゆえにその障害がなかなか周囲からは気づきにくいことも実際には多く見られる。

ただ、よくよくその人の様子を見ていると、先の見通しを持った計画を立てにくかったり、物事を遂行するための優先順位をつけたりすることが苦手であったり、抽象的に物事を考えたり、柔軟な思考をすることがしにくく、固定的なものの見方をしてしまいがちな特徴があることがわかる。また、複雑なコミュニケーションができず、会話をしていても相手の意図が正確に読めなかったり、間違った受け止め方をしたりすることもしばしばである。

また、子どもが生まれてからもその子のことを十分に配慮せず、子どもファーストではなく自己中心的に物事を考え、子育てが不適切になることも少なくない。

それに比べて、中度、重度、最重度の知的障害の人はより知的な能力の障害があるゆえ、周囲からの支援がないと自分の生活が成り立たないこともある。そのため、虐待という問題とは少し縁遠くなると言えるかもしれない。

助けを求めにくい境界知能

もう一つ忘れてはならないのは、「境界知能」である。これは軽度の知的障害の認定には至らないまでも、平均と言われている知能である「IQ85〜115」よりもやや劣る領域にいる人で、実はこの人達は虐待問題と深くかかわることになりやすい。

この境界知能に当てはまる人は図3−2のように全体の約14％程度存在する。境界知能の場合、「IQ70〜84」である。軽度の知的障害は周囲からは知的な低さがあることがわかりにくいと述べたが、境界知能はそれ以上に周囲からはわかりにくいところがある。

具体的に言うと、小学校の低学年までの学習には他の定型発達者（発達障害の領域では、健常者とは言わずに、定型発達者と言う）と同じようについていけるところもある。しかし、それ以降の難しい学習内容になってくると理解がしにくくなってくる。

また、単純な日常会話レベルであれば問題なくこなせるが、グループディスカッションなどのように、複数の者とのコミュニケーションとなり、一度に同時処理を求められたり、抽象度が高い思考が求められたりする議論などにはついていけなくなる。

さらに、事態を複雑にさせるのは、そのような境界知能を持つ本人自身も間違ったこと

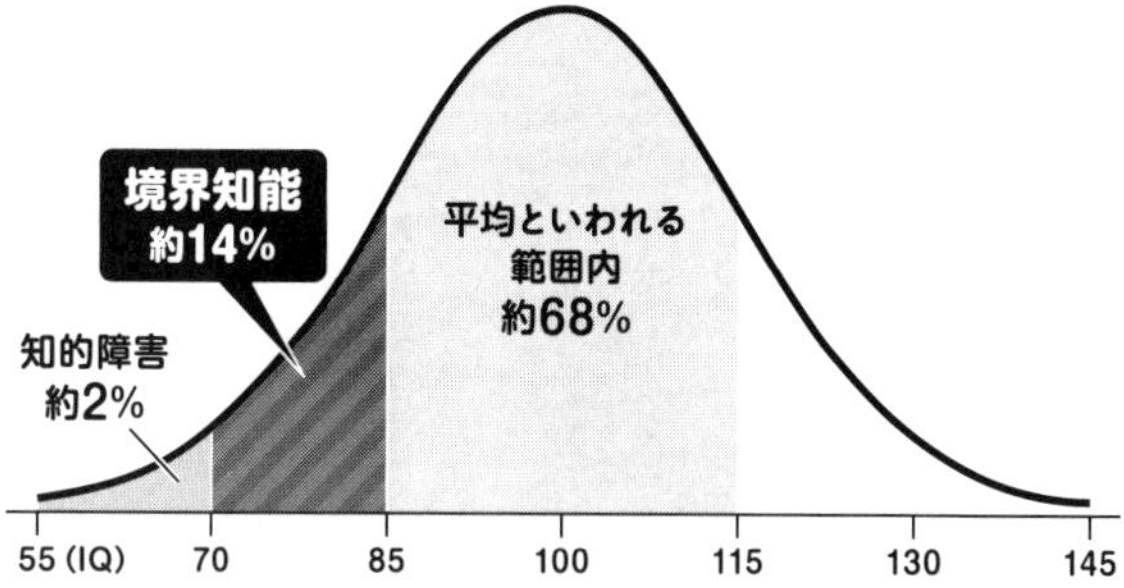

図3－2　IQ（知能指数）の分布（出典：古荘純一『境界知能』合同出版）

やおかしな回答をしてしまうと、周囲から自分が笑われたりしていることを意識できるので、劣等感や格好悪さから自分のできなさを隠してしまう。

実は困っているにもかかわらず周囲にヘルプを求められずにひとりで苦悩することにもなってしまいやすい。そうなると、ますます彼らは周囲から取り残され、孤立したり適応が悪くなったりしてしまう。

②自閉スペクトラム症

自閉スペクトラム症は、以前は広汎性発達障害、アスペルガー症候群などと呼ばれたが、現在はこの診断名で呼ばれることが多くなった。DSM－5－TRによると、まず「社会的コミュニケーションおよび対人的相互反応における持続的な欠陥」があることと、「行動、興味、または活動の限定された反復的な様式」が認められることが診断の基準となっている。

前者は社会性の欠如と言い換えてもよい。つまり、社会性が欠如しているということは場面にそぐわない発言や行動をしてしまい、周囲からは「空気が読めない」「常識がない」などと見られてしまいやすい。例えば、満員電車の中で、年齢もそこそこの大人であるにもかかわらず平気で鼻をほじっていたり、お葬式に参列しているにもかかわらずひとりだけニタニタしていたりする、等がその一例である。

自分がどう見えるかを捉えにくい

では、なぜ自閉スペクトラム症を持つ人の中には、社会性が身につきにくい人がいるのだろうか。それは他者から自分がどう見られているかをキャッチしにくく、同じように自分のことをも捉えにくいからである。ある意味では、それが自閉スペクトラム症の本質の一つと考えられる。

このことがコミュニケーションのあり方にも大きな障壁となってしまう。一般的にはコミュニケーションというと、aさんとbさんが単なる言葉を発しているということではなく、aさんが話した言葉やその内容をbさんは字義通りに受け取るのではなく、その背景にあるメッセージも同時に受け取りながらａさんに応答している。

例えば、ある児童が学校の廊下を走っていたとしよう。廊下を走っている児童を見た先生が、「廊下を走ったらダメじゃない！」とその児童に注意した。このように先生から注意をされた児童はどうするかと言うと、走っていた行為を止めて歩くのが通常である。なぜかと言えば、先生の「廊下を走ったらダメじゃない！」という言葉のメッセージとして、「廊下は歩きなさい！」というメッセージがわざわざ言わなくても言葉の裏に流れており、そのことを児童は自然とキャッチしているからである。

そのため、「歩きなさい！」と先生から言われなくても、児童は先生が何を言わんとするのかを読み取り、走っているのを止めて歩く行動を取る。しかし、自閉スペクトラム症の子どもの中にはこのようなメッセージが読み取れず、「廊下を走ったらダメじゃない！」と言われると、その言葉を字義通りに受け取ってしまい、「ダメじゃないと言われても、では何をどうすればいいの？」と混乱してしまう。そして、その児童は足を止めるか、先生の言うことを無視して走り続けるかといった行動選択をしてしまう。

コミュニケーションが成立するためには、相手の立場に立つことができなければ円滑なコミュニケーションにはなりにくい。他者から自分がどう見られているのかをキャッチしにくい自閉スペクトラム症の人はそこにつまずいてしまうために、相手がうんざりしているにもかかわらず、独りよがりな話を延々と続けたり、とんちんかんな会話のやりとりとなったりして周囲との意思疎通がしにくくなってしまう。

先の見通しを持ちにくい

もう一つの特性として、「行動、興味、または活動の限定された反復的な様式」があるが、これは想像力の欠如であったり、見通しのなさであったり、限局的な興味関心、こだわりの強さなどと言い換えられる。つまり、一言で言うと、さまざまな想像力が働きにくいので、先の見通しがなかなか持てないと理解することができる。

そのため、ある一定の決められた日課や日々のルーティーンをこなしているときは安心していられるが、ちょっとした急な予定の変更があったり、自分の想定内にあった予定が狂わされたりすると不安で不安で仕方なくなる。

定型発達の人であれば、それぐらいの予定の変更なら日常はいくらでもあることで、臨機応変にいかようでも対応できる。しかし、自閉スペクトラム症の人の場合はそれがしにくく、それゆえに彼らの行動や興味、活動があるワンパターンな様式になってしまうのである。

このように臨機応変な思考や対応ができない背景には、先の見通しを持てるという想像力が欠けていることがある。先の見通しが持てない、次に起こることが想像しにくいということになれば、誰しも不安が喚起される。自閉スペクトラム症の人はまさにこの状態に陥ることが多いと言え、内面には大きな不安を抱えやすい。だからこそ、いつも決まった日課やパターンが決められていた方が安心できるわけである。

彼らがワンパターンを好む、柔軟な思考や行動が取れず、限局的な興味や関心が顕著となるというのは、実はこのような特徴があるからと理解できるのである。

③ 注意欠如多動症

注意欠如多動症は、DSM－5－TRによると、「不注意」および／または「多動─衝動性」が認められることが診断の基準となっている。

ここで言う「不注意」とは、自分がしなければならない課題からすぐに気がそれたり、指示に従ったり集中したりすることが困難で、仕事や学習などを最後までやり終えなかったりすることがしばしばあることを指す。これは先の知的障害で述べたような知的な能力の低さがあるためではない。

筆者のよく知っている弁護士をしている友人のエピソードで言うと、スーパーに幼いわが子を連れて買い物に行ったはいいけれども、レジを済ませ家に戻ってきたところで、わが子をスーパーに置き忘れたという人が2人もいた。大袈裟に言うと、この2人の弁護士は子どもをネグレクトしていると言われかねないが、本人はそんなつもりはまったくなく、単に買い物に夢中になって子どもへの注意がそれてしまった結果であった。

「多動性」においては、じっとしていられずに授業中でも動き回るなど過剰な運動活動性があり、静かにしていられずにしゃべりすぎるという場合もある。これはもちろん大人になっても特性が完全に消失することはない。

これも筆者の友人の話である。彼は会社でアイデアを次から次へと出し、とてもいい企画をするのだが、最後までそれをやり遂げることはできない。なぜなら、ある企画をしてそれに取り組んでいくのはいいが、その途中で違うアイデアが脳裏に浮かび、先の企画は中途半端のまま、新しい次の企画に取り組んでしまうからである。そこにはやはり注意が定まらないということと、すぐに行動に移してしまうという問題が特徴として見受けられる。

「衝動性」は、事前に計画を立てたり見通しを立てたりすることなく、思いつくとすぐに行動してしまうものである。時にはそのような行動が後々不利益となり、思わぬ波紋を呼ぶかもしれないが、自分の行動を先に延ばせない。ある意味では、彼らはじっくり考えるといった熟慮という言葉とは無縁であることもしばしばである。

先の例で挙げた、アイデアは豊かで次から次へと企画はするが仕事を最後まで全うできない会社員の場合も、この衝動性の特性があると指摘できる。その意味では「多動性」と「衝動性」は明確に区別しにくい面もある。

不注意・多動性・衝動性をコントロールしにくい

いずれにせよ、上記の「不注意」「多動性」「衝動性」の三つに共通するのは、コントロールができないということである。「不注意」の場合で言えば、われわれは物事に向けた自分の注意を、ある程度は監視しコントロールすることになる。そうでなければ注意が持続できないからである。

「多動性」においても同様、自分はこうするという考えや意思を持たなければ、あっちへ行ったりこっちへ行ったりと、行動に一貫性やまとまりがなくなる。例えば、交通事故に巻き込まれやすくなったり、帰宅をせねばならないのに途中で寄り道を強いられたりする。

「衝動性」においても同じことが言え、自分の欲求を放置していては社会生活はなかなか成り立たない。好きな時に寝たり食べたり、あるいは明日以降の生活費のことも考えずにギャンブルや買い物をしてしまうとたちまち経済的な窮地に立たされる。どこかでそれらの欲求をコントロールすることがなければならないのである。

注意欠如多動症の人はそれらのコントロールする力が弱いと考えてもよい。ただ、誤解してはいけないのは、彼らは意思が弱いとか、根性がない、だらしなく未熟、幼少期からの訓練が足りない、等といった評価を受けてしまうがそれは本質ではない。

なぜなら、それらの人たちは決して怠けているわけでも、意識が低いというわけでもなく、彼らの注意欠如多動症という障害の特性ゆえにそのようになってしまうからである。

発達障害は「本人ではどうしようもないこと」

発達障害のタイプについての特徴をこれまで述べてきたが、ここで押さえておきたいことがある。それはこれらの特性はそもそも生まれたときからの脳の器質的な要因で生じたのであり、養育のされ方や家庭や学校、職場等の環境的な要因で発達障害が出現するのではない、ということである。

親や学校の先生、あるいは職場の上司がその特性を持つ人に注意や指導を繰り返し与えても、またすぐ同じ失敗や間違いをする。そうなると、あれだけ注意をしたのにまた同じ失敗をしてと、注意をした者はあきれ果てるかもしれない。時にはわざと言うことをきかずこちらに反発しているとさえ思い、怒りを感じることもあるかもしれない。そしてその先には、親のしつけが悪いからだ、根性が歪んでいるからだなどと家庭環境や育ち、性格のことにまで誤った結びつけられ方をされてしまう。

実際のところ発達障害の人は、本当は自分ではどうしようもできないことで困り、悩んでいる。注意欠如多動症のことを一つとっても、自分の力でコントロールができれば注意もそれず、行動も自分で統制ができ、衝動的にならずに済む。それができないから障害という診断を受けているのである。そのことを家族や周囲、支援者が理解していないと、単なる障害という診断のレッテル張りで終わってしまい、当人への理解には及ばない。

結局のところ、発達障害の人は定型発達の人と比べて異質な存在であるとしか見なされなくなる。そうなると、同じ社会で生きる人間として互いに助け合ったりつながったりしていこうという視点が乏しくなり、その人たちが困っているのに支援の手も差し出せなくなってしまう。

このように、発達障害の人には定型発達の人とは違う特性があるという「異質性」ばかりに注目しすぎると、その先には発達障害の人に対しての偏見や差別へと向かってしまう恐れとなると言える。

一方で確かに、発達障害の人には定型発達の人とは違う特性があることは事実であり、それを「異質性」と言うのかもしれない。学校教育においても、「一人ひとり違って当たり前。それは個性であり、受け入れていこう」という謳《うた》い文句で、発達障害のある子どもの理解の仕方を促した面もこれまであった。しかし、それだけでは実際のところは不十分である。

いろんなところから聞こえてくるのは、「あの子は発達障害だから変わっている」「その人は空気の読めない自閉スペクトラム症の人だからみんなとうまくやりにくい」「注意欠如多動症だから注意をしても効果がない」などと誤った認識や理解だけでなく、そのような人を自分たちとは違う世界で生きる人のようなイメージで植えつけられてしまっている。ここに大きな問題があると言える。

そこで筆者はこの「異質性」と同時に、「類似性」の発見が発達障害の人の理解には必要であると考えている。

類似性を見つける

例えば、初めて泊まる宿を訪れた際、われわれはその部屋の構造や機能を確認するのではなかろうか。こんなところにトイレがあり、浴室はこうなってる、ここが押入で布団と浴衣がある。ここの部屋の電気のスイッチはこれで、非常階段はこちらの方角に設置されている。すべての人がこれを確認するわけでもないが、大なり小なり初めての場所を訪れたらそんな行動を取ってしまう。先のことが不安な人ほどその傾向が強い。

自閉スペクトラム症の人は想像力が乏しく、先の見通しが持ちにくいために不安が高いと言えるが、その不安が高いほど確認行動や同じことを繰り返す常同行動が出現しやすい。考えてみると、定型発達の人の上記の行動と自閉スペクトラム症の人の行動は似たところもある。確かに、その意味では程度の差はあるにしろ、自閉スペクトラム症と定型発達とは同一線上にあると言える。

もう一つ例を挙げるとしよう。日常生活や仕事などをしている中で、やることがあまりにもいっぱい重なり、どこから手をつけていいのか混乱してしまう事態に陥ったことはないだろうか。

筆者の場合も、仕事が忙しくなりすぎ、期限が迫っている執筆原稿が何本も重なると、ストレスや不安が極限に達することも少なからずある。本来なら、期限が差し迫った原稿から処理するのが当たり前であるが、そんなときに限って後回しでよいものからやってしまい、後々になって自分の首を絞めることがある。これなどは先の見通しや計画性がない証拠であり、今何が必要なことかの優先順位が立てられていないわけである。

しばしば注意欠如多動症の人にはこのような傾向が見受けられるが、これは筆者とて同じである。そう考えると、頻度の違いはあれど、注意欠如多動症の特性を、定型発達の人も同じような特徴として誰しも持っている。そこにも注意欠如多動症の人は定型発達の人との異質性というより、類似性があると言えるのではないだろうか。

筆者はこのような発達障害の人と定型発達の人との「類似性」を理解することで、より距離を縮めて発達障害のことを理解できると考えるし、自分自身との関係のつながりも意識できるはずと考えている。

発達障害の本質を理解する上で、この「異質性」と「類似性」の両方を発見することが非常に大切である。堀田恵美は図3－3のように、ダイバーシティに代わるインクルージョンについて、STEP1の多様性のない状態であると同化や排除が生じ、STEP2の

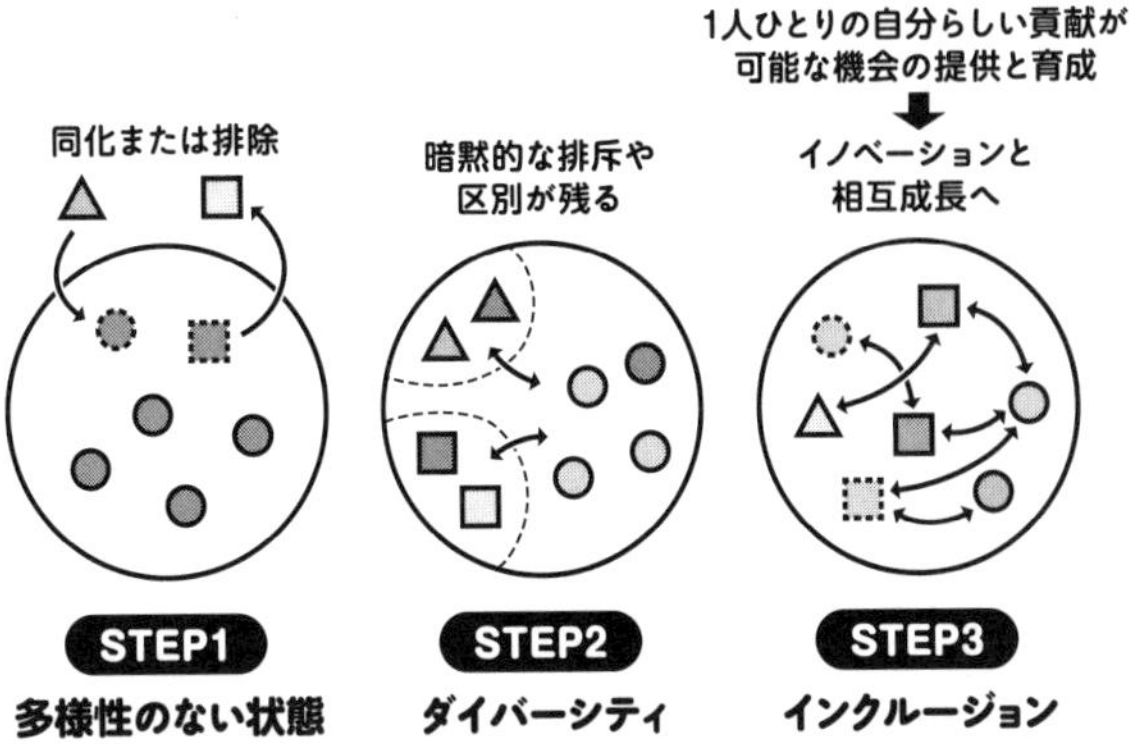

図3−3　「異質性」と「類似性」を認め合うインクルージョン（出典：堀田恵美・株式会社ヒューマンバリュー「ダイバーシティに代わる注目のキーワード『インクルージョン』」『企業と人材』926号）

ダイバーシティでは、暗黙的な排斥や区別が残るとしている。

先に筆者が言うところの「異質性」だけを認識する段階ではまさにこの状態にとどまり、一見集団や組織の中に定型発達と発達障害の者同士が大きな違和感なく存在しえたとしても、よくよくみるとそこに区別が残っている。

そこからもう一歩進め、STEP3のインクルージョンでは、一人ひとりの自分らしい貢献が可能な機会の提供と育成がイノベーションとなり、そのことが相互成長へと発展していく。そこには筆者の言うところの異質性だけではなく、類似性も互いに認め合う関係が生まれるのである。

第4章　「社会性の欠如」という困難

1 「常識のない親」の背景にあるもの

社会性をどこで判断するか

「社会性」という言葉をこれまでどこかで誰しも聞いたことがあるだろう。例えば、「あの人は社会性がある」と言うと、誰とでもうまく人間関係を作ることができるという社交性を指す場合もある。あるいは、ひきこもりとは反対に、どんどん外に出て活動し、組織や集団の中で渡り歩けることを意味する場合もある。

ところが、人間はこの社会性を生まれたときから持っているわけではない。赤ちゃんから子ども、子どもから大人に至るまでのそれぞれの成長過程において、そこで身につけてきた学習効果の一つが、この社会性なのである。

では、その社会性はどこで見るのだろうか。その人の持っているパーソナリティにおいて見られるものなのか、それとも対人関係のあり方にそれが見て取られるのだろうか。実は社会性は至るところで発見できる。

例えば、オムツをしていた幼児がトイレット・トレーニングをされる中で、しだいに「おしっこ」と言え、トイレで排尿や排便が大人の手を借りずに自分でできるようになる。この行為はこれから自律をしていく上ではとても大きな意義があり、まさに社会性である。

しかしながら、自分で排尿や排便ができることはひとりで自然に身につけていくわけではない。そばにいる親や大人が「おしっこ（あるいはウンコ）したくなったら言ってね」とその都度述べ、そして何度も失敗を重ねながらも、だんだんと上手にするようになってくる。うまくできたときは「上手にできたね、えらい、えらい」「もうお兄ちゃん（あるいはお姉ちゃん）だね」と褒めもする。つまり、子どものトイレット・トレーニングを円滑にいかせるためには、親や大人の手助けや訓練が必要となる。

ほかにも社会性の獲得の例はいくらでもある。公園の砂場などでお友達と遊ぶことを取り上げよう。まだ2、3歳の幼児は友達とうまくやりとりができず、何かの作業を一緒にすることはできない。そんなとき、ある子どもがそばにいる別の子どもの玩具を勝手に取って遊ぼうとしたとする。すると、その母親が「○○ちゃん（わが子の名前）、人のオモチャを勝手に持ってきたらダメでしょ。△△ちゃん（一緒に遊んでいる友達の名前）に、『貸して』と言ってからでしょ」と教える。

そうすると、その子は「貸して」と口にする。そうしたら、もう一人の母親もそれを受けるかのように、「△△ちゃん、○○ちゃんが『貸して』と言っているよ。『いいよ』と言ってあげてね」と横からアシストし、その子どもも「いいよ」と返答をする。この幼児の玩具の貸し借りの光景は公園ではしばしば見ることである。そこに子ども同士の「貸して」「いいよ」のコミュニケーションが生まれ、物の貸し借りはこのやりとりが成立した後に行動するのが望ましいということを子どもは身につけていく。

やはりここでも子どものそばにいる親の振る舞いがあるゆえに身につくことであり、親の社会性が子どものその行動を育《はぐく》み促進させると言える。

もっと成長すると、ひとりで歯磨きや洋服の着脱などできることがどんどん多くなっていく。幼稚園や小学校に上がる段階になれば、時間になれば起きて幼稚園や学校に行く準備をしたり、好きなことをしていても途中で止め、みんなと同じ行動をしなければならないことを学んだり、公共の場と家庭では言うことややることを区別しなければならないことを自然に身につけていく。

「常識のなさ」に自分で気づけないことも

これらのことはすべてまさに社会性であり、自分が社会の中でどう生きていくのか、言ってみれば自分が周囲や社会とどう歩調を合わせていくかということを身につけていくのである。そして、この社会性はひとりで勝手に身につくものではなく、一番は身近にいる親の教えやかかわりがそれを大いに促進させていく。

ただ、この親が社会性に乏しかったり、通常とは少し違った社会性を持っていたりするとどうだろうか。想像すればわかるように、そうした場合は子どもになかなか社会性が育っていかず、あるいは歪《いびつ》な社会性を身につけてしまう結果となってしまう。そして、年齢が大きくなればなるほど、ますます集団の中でうまくいかなくなり、常識的な考えや価値観から大きく外れてしまうことさえ生じてしまう。

発達障害の中でも自閉スペクトラム症の特性を持つ親の場合、この社会性が乏しかったり欠如したりしていることが少なくない。周囲から見ると、なんて常識のない親なんだろうと見られてしまうが、親自身は自分でそのことにまったく気づいていないこともある。そんな親の子育てはあまりにも常識とはかけ離れて不適切な養育となってしまうために、時には虐待として評価され、児童相談所に通告されてしまう。

2　親の社会性が乏しい中での子育て

授業参観で子どもを叩いたCさん

小学校5年生の息子を持つ母親Cさんは自閉スペクトラム症を持っていた。時々、周囲を驚かす行動を取るものの、本人は「どうしてそんなに驚くの？」と至って平気であった。そんなCさんが授業参観をしていたときの光景であった。

多くの保護者が教室でわが子の授業風景を見ていた。先生もいつもより気合いが入った様子でテキパキと問題を出し、答えがわかって手を挙げた生徒を次々と当てて授業を進めていた。

そんなとき、わが子が先生に当てられ解答したところ、彼の答えは正解ではなかった。先生が勇気を持って積極的に答えようとしたCさんの子どもを評価しようとしたとき、教室後方からスタスタと母親のCさんが近寄り、わが子の後頭部を平手でパーンと叩いたのであった。

先生はあまりにもびっくりしたこともあって啞然《あぜん》とし、母親の行動を止めるどころか、注意すらできなかった。教室にいた他の保護者もCさんの行動にびっくりし、保護者同士が互いに顔を見合わせた。

このCさんの行動について、「大勢の人の前で子どもに手を上げるなんて非常識極まりない」「母親自身はそんなことをすれば周囲から変な目で見られるし、それ以上に子どもが皆の前で母親から叩かれている場面を見られて恥ずかしかろう」と考えるのが普通である。しかし、自閉スペクトラム症の場合、すでに述べたように周囲から自分がどう見られているかをキャッチする力が弱いし、自分自身を見つめることもしにくい。

このCさんもまさにそうであった。自分の行動が周囲からどう見られるのかという視点がないまま、間違った解答をしたわが子に制裁を加えるのは当たり前という考えからこのような行動に出てしまった。母親本人とすれば、自分の行動の何が悪いか、とすら思っている。それに加え、このCさんは叩かれた側の息子の気持ちに寄り添うことの難しい共感性の乏しさや、わが子との意思疎通の乏しさも見受けられたのである。

厳格すぎる対応がもたらすもの

もう一つの似たようなケースがある。これは先に挙げたような暴力を振るうといった身体的虐待とまではいかないが、ある意味では不適切な養育に近いものである。

Dさんは小学校1年生の女児を持つ母親であった。その娘はあまり勉強が得意でなく、中でも算数はなかなか理解が覚束ないところがあった。担任の先生はそのことがわかっていたので、個別に学習をサポートしたり、本人の意欲を削《そ》がないように「よくできたね」「頑張っているね」と声かけをしたりしていた。

あるとき、算数のプリントの課題が与えられ、Dさんの子どもはそれを解いて提出したが、そこにはいくつかのミスがあった。先生はそれがケアレスミスであることがわかり、その子のやる気を低下させないために、他の児童と同じようにそのプリントにご褒美シールを貼って家に持ち帰らせた。

すると、Dさんがそれを見て、「できていないのにご褒美シールを貼るのはおかしいので、そのシールを剥《は》がしました」と連絡帳に記載し、それは翌日子どもを通じて先生に告げられた。

プリントの問題に正解でないところが仮にあったとしても、担任の先生としてはその子の頑張りや学習意欲を維持するためにご褒美シールを貼ったのであり、それは児童への思いやりであり、励ましでもあった。しかし、母親のDさんは間違っているのに報酬を付与するのは道理に合わないと考え、先生の行動に異論を唱えたのである。

確かにこのDさんの考えも一理はある。けれども、相手は小学校1年生の幼い子どもで、しかも生命にかかわるような重要な判断や法律に抵触する事柄であればまだしも、プリントの課題のことでそこまでこだわる必要があるのだろうか、と考えるところである。

自閉スペクトラム症の人の中には、このDさんのように、事の大きさや重大さは関係なく、いけないことはいけない、よいことはよい、と白黒をはっきりさせなければ気が済まない人がいる。彼らは中途半端であいまいなことが非常に苦手で、明確な境界線がある方が安心だし落ち着く。逆に言えば、物事を柔軟にやりくりしていくことが苦手であるとも理解できる。

Dさんもそのような特性があるため、ご褒美シールを剝がした。ただ、そんなことをするとわが子がどれほど落胆するかということまで考えが及ばなかった。ましてや、幼い子どもに厳格な理屈や理論を持ち出すよりも、褒めたり叱ったりを上手に使いこなすことで円滑な育児が促進され、子どもの発達にも効果が上がるという、いわば社会性とも言えるかかわりが、このDさんはできなかったのかもしれない。

これ以外にも親の社会性が欠如しているために、不適切な養育や子どもへのかかわりとなるケースは挙げればきりがない。

3 場に即した対応ができないちぐはぐなかかわり

子ども心に深い傷つきを与えることも

これは笑い話にも思えるかもしれないエピソードである。

母親Eさんは小学校6年生の女の子がいた。あるとき、わが子がEさんの財布から千円を何度か抜き取っていることがわかり、母親のEさんはわが子とともに児童相談所に現れた。Eさんはわが子に盗み癖がついていては困るので、いったんは親のもとを離れさせ一時保護所に入れてほしいと懇願した。児童相談所もその子の内面にある気持ちを十分に聞くために一時保護を行った。

ところが、Eさんはその翌日にインコを持って児童相談所を訪れた。娘が親代わりとして飼っていたインコなので、一時保護中も娘が育てるように、と言うのである。それだけではなく、一時保護中にしつけのために日本舞踊や生け花を習わせてほしいと言ってくる。当然、児童相談所としてはEさんの要求には応じられないと返答はするが、それよりもこのEさんが、一時保護をする目的を理解していないことに驚いたのであった。

一時保護所は子どもを一時的に預かり、安全で安心な場所に子どもを置くとともに、その子の問題の背景などをしっかりつかみ、今後の対応や家庭に戻った場合の対応を考える機関である。母親のEさんにはそのような視点がなく、一時保護所を自分が求める子育ての要求を満たしてくれる場所と認識していた。

それゆえに、一時保護所の役割とEさんの求めている要求とは大いにずれてしまう。やはりそこには社会のしくみなどの一般的な知識がEさんには不足していて、社会性の低さがあると言わざるをえない。

しかし、少し冷静に考えると、このような社会性のない親と一緒に暮らしている子どもとなると、決して笑い話では済まされない。時には思わぬ被害を自分の親から受けたり、このような親を持つ自分を情けなく思ったり、恥ずかしく思ったりすることだってある。

そして、周囲から見ている以上に子どもは心に深い傷つきを体験していることも少なくないのである。

仕事での役割を家庭に持ち込んだケース

このケースの母親とは違って、社会での役割を徹底的に全うしようとするため、逆に家庭内ではうまくいかないというケースもある。

小学校4年生の男児を持つ父親のFさんは警察官であった。Fさんは真面目で職務にも忠実で、自分が警察官であることを誇りにも感じていた。しかし、父親は家に帰っても、まだ勤務中のような堅い態度で、日課や時間には正確であることはもちろん、家の中のルールには極めて厳格であった。

しかも自分だけでなく、家族にも時間やルールを守らせようとし、それをしなければ大声で叱責したり、時には「治安維持のためだ」と言って棒状のもので家族を叩いたりするのであった。

通常なら、職場（あるいは社会）と家庭は区別し、それぞれの場所にいるときの自分の役割や心持ちを変えているものである。また、子どもから大人になるにつれて、その時々の状況でいくつもの立場や役割をうまく使い分けて社会生活や家庭生活を営んでいる。

例えば、社会で働く男性であったとするならば、職場では中間管理職の課長の役割をこなさねばならないかもしれないし、家の中では配偶者がいたとすると夫としての役割、子どもがいたとするならば親としての役割もうまく使い分けながらやっていかねばならない。

しかし、自閉スペクトラム症の人の中には、それがうまく使いこなせず、家庭でしているようなことを職場でもしたり、逆に職場でしていることを家庭においてもしたりするといったことが生じやすい。要するに場面に応じた使い分けができないのである。

この父親Fさんは立派な警察官であるかもしれないが、家でも警察官をしているため、どうも親子関係が円滑に行かず、親として（あるいは夫として）の役割がこなせていないと言える。

4　距離感の喪失から生じる性的虐待

これまで発達障害のある親の中で、社会性が欠如していることから子どもへのかかわりが不適切となり虐待まで進んでしまう人がいることを述べてきた。それが性にまつわる問題となるとなお一層やっかいになってしまう。

中学生の娘と入浴したがる父親

Gさんは中学校2年生の女の子を持つ父親である。娘はすでに初潮も迎え、胸も少しふくよかになっていた。しかし、Gさんはまだ娘と一緒に風呂に入り続けている。娘は、父親が嫌いではなかったが、この年齢で父親と一緒に風呂に入ることはさすがに嫌で、「入ってこないで」と言っていた。

しかし、父親Gさんはそんなわが子の発言など意に介さず「なぜ入ってはいけないの。これまでも一緒に入っていただろう」と平然と入ってくるのであった。そのGさんの言い方は、自分はまったくおかしなことを言っているわけでもなんでもなく、そう考えるのが当然ではないかというような印象さえ受けた。

このケースの結末は、娘が同級生にこのことをそれとなく話したことが担任の先生に伝わり、児童相談所に性的虐待として通告された。児童福祉司は父親のGさんを呼び出し、事実の確認をしたところ、否定もせずにそれを認めた。それればかりか、Gさんはあっけらかんとした態度で、「これまで娘とは一緒に風呂に入っていたのに、なぜいけないのでしょうか」とも主張を始めるのであった。

通常なら虐待の事実を尋ねても否認する親が多く、しかも性的虐待の場合はなおさらそれを認めるケースは少ない。Gさんのようにあっさり事実を認めることはまれである。その上、いい年齢になっている娘といまだに一緒に風呂に入ることを外から指摘されても、このGさんは恥ずかしいとか、おかしなことをしているといった認識はまるでなく、それが児童福祉司には不思議に感じられたのである。

Gさんについて情報を収集すると、おそらく自閉スペクトラム症だろうという特性が見られ、そのことが今回のこととも大いに関係していた。つまり、思春期を迎える頃になると、仮にそれまでは一緒に娘と父親が入浴をともにしていたとしても、そろそろ風呂は別々に入るようにしようとするのが一般的である。ある意味では、それが親としての当然なマナーであろう。しかし、Gさんは「娘と一緒に入ってはいけない法律なんてどこにもないし、これまでだって一緒に入っていたのに何が悪い」と主張を繰り返すのである。

「性を身につける」ということ

自閉スペクトラム症の人が思春期を迎えて大いに困惑し、時には逸脱行動となってしまいやすい事柄の一つに、性に関することがある。筆者が家庭裁判所で調査官をしていたときも、発達障害の少年の性非行の事案は多くあったし、調査官を辞めて大学の教員となってから、成人の刑事事件の犯罪心理鑑定を引き受けた性犯罪の事案にも発達障害を有する被告人は少なくなかった。

また、教育現場や福祉現場のさまざまな性的なトラブルや逸脱行動の事案にも加害行為をする側に発達障害の特性が見られることは、筆者の経験から一定程度存在していると言える。

発達障害、特にその中でも自閉スペクトラム症がある場合は、性がなかなか身につかない。性を身につけるということは、単なる性知識を知るということに限らず、異性（近年はジェンダーフリーとなり、同性も含まれるかもしれないが、理解をしやすいようにここでは異性とする）との距離感を身につけていくことが必要である。

具体的に言えば、異性と親密になっていく中で、その異性との距離感がしだいに近くなり、腕を組んだりキスをしたり、性交までに至るかもしれない。要するに、異性との親密さを距離感で測っていくと言える。それができるようになることが、言わば性を身につけるということでもある。

しかし、発達障害の人の中には、親密さという抽象的なことが理解しにくく、相手の気持ちに立ちにくい場合がある。そして、彼らは自分勝手な距離感で接近してしまうので、相手から煙たがられたり嫌われたりしてしまう。そのことがわからず、結果的には性的な問題を起こしてしまいやすくなる。

父親Gさんもこのように考えると、性が身についていないと言える。思春期を迎えた娘を異性として認識しておらず、仮に異性という認識があったにしろ、娘である異性との距離感がどうも適切ではない。それゆえ、いまだに一緒に風呂に入ることに違和感はなく、自分が不適切であることも自覚できないのである。

性を身につけるということは、ある意味では大人になるための重要な社会性を身につけることである。しかし、それがうまくいかないとなると、さまざまなところで支障が生じ、時には性的虐待へと発展する危険もある。

しかも当の本人はそのことの認識に欠けているために、不都合なこと、適切ではない行動とは思い至らない。それがなおのこと大きな問題へと発展していくのである。

第5章　「コミュニケーション力の欠如」という困難

1　愛着の基盤となる「コミュニケーション力」

人間関係を築くもっとも基本となる能力といえば、コミュニケーション力と言ってもいいかもしれない。

生まれたばかりの赤ちゃんは相手とかかわる能力も術も知らないけれども、親との間で形成された愛着を基盤にして、どんどん人や社会とのかかわりを広げていく。このことは第2章で述べたとおりである。

再度、ここで確認しておきたいことは、この愛着が形成される過程において、親の献身的なかかわりが必要なことは言うまでもないということである。それだけではなく、赤ちゃんの立場に立って、赤ちゃんの不快な感覚や気持ちを読み取り、その不快を取り除いてやることが求められる。そこには親のコミュニケーション力が欠かせないのはあえて言わなくてもわかってもらえると思う。

コミュニケーション力というと、他者とうまくかかわれる能力のことであり、それを有している人は社交的で誰とでも人見知りなくつきあえるかのように思うかもしれない。しかし、それはやや一面的であり、本来は他者のことを配慮でき、気持ちや考えを理解したり、察したりすることができることこそがコミュニケーション力にほかならない。また、会話が上手にできるだけではなく、相手のしぐさや態度、表情も読み取れ、共感的でもあると言えるかもしれない。

そのように考えると、子育てをする際にはこの親のコミュニケーション力がとても重要で、それが欠けていると大きな苦労を伴い、結果的には厳しい育児となってしまう。

2 子どもの泣き声からメッセージが読み取れない

「子どもが訴えかけているのは何か?」を読む力

初めて子どもを持ち、その子を育てていくのに一番苦労するのが、わが子が泣いたときの対応である。わが子がなぜ泣いているのかわからないし、何をしても泣き止まないという経験は親なら誰でもある。

子どもができるまでは、赤ちゃんが泣くとすぐに駆けつけ、テキパキとオムツを替えたり、おっぱいをやったり、抱っこをしたりして、その赤ちゃんの泣いている原因を的確につかんだら対処できるかのように思っていたという人も多い。しかし、実際にはそうスムーズにはいかない。

父親や母親は赤ちゃんが泣いている原因をあれかこれかと思い巡らせながら、試行錯誤して、ようやく赤ちゃんが泣き止んでくれてホッとする経験をするものである。時には、いろいろやり尽くしはしたものの、なかなか泣き止まないということだってある。そういうとき、親としては「何か重大な病気があるのだろうか？」と心配になったり、逆に赤ちゃんの泣き声が自分を責めるように突き刺さったりもする。

実際にはそんなことを繰り返しながら、しだいにわが子の泣き方のパターンを覚え、その場に応じた泣きへの対処法を親なりに身につけていく。その際、親は子どもの立場に立って考えたり、泣き方の様子を感じとり、赤ちゃんがこちらに訴えかけているものは何かを共感的に受け止めたりすることがコツである。

しかし、発達障害、中でも自閉スペクトラム症がある親の中には、相手の立場に立てなかったりするなどコミュニケーション力に欠けている人がいる。彼らにとっては、そのような場面に置かれると、途端に窮地に追いやられるのである。

泣き声が自分を非難しているように感じたHさん

Hさんは自閉スペクトラム症の診断を受けている母親で、生後6か月の男児がいる。Hさんは子どもを授かることを夢にまで見ていて、妊娠したときは夫である父親と大喜びをして飛び上がったほどであった。当初は父親も育児に協力的で、しかも実家からHさんの母親（男児の祖母）も手助けに来てくれ、それなりに順調に育児が進んだ。

ところが、その母親も実家に戻り、夫婦だけで子育てをしなければならない状況になった。父親が仕事で夜が遅くなったときなどは、Hさんは不安で不安で仕方なかった。

特に、男児が泣き始めるとHさんはあの手この手を使って泣き止ませようとするが止められない。おっぱいをあげようとしても男児は顔を左右に動かして拒絶するし、抱っこをしてあやしてもますます泣き方はひどくなるばかり。

Hさんは自分が自閉スペクトラム症であるため、相手の気持ちに立ちにくい特性を持っていることは自覚していたし、しばしば周囲から指摘をされたこともあった。しかし、ここまで困惑させられることはこれまでの経験上はなかった。毎回毎回、男児が泣く場面に困り果て、自分は母親として失格ではないだろうか、子どもを育てる能力がないのではないか、と考え始めるようになっていた。

そして、男児が泣き続けたあるとき、Hさんはそれを止められない自分自身の惨めさとともに、子どもの泣き声が自分を非難しているかのように感じたこともあり、抱いているわが子を大きく揺さぶり、「どうして泣いているの！」「何がしてほしいの！」「はっきり言って！」と大声を上げたのであった。

これはまさに乳幼児揺さぶられ症候群という虐待の一つである。この種の虐待の背景には、さまざまなストレスの多さ、育児の未熟性などが挙げられる。しかし、その中でもっとも大きな要因は、子どもの気持ちが理解できないことからくる親の苛立ちや疲弊感である。

もちろんこのような状況に陥るのは発達障害のある親に限ったことではない。定型発達の親であっても、子育てをしていればこのような場面には必ず遭遇する。そして、わが子であるゆえに、親としてはなんとか対処してあげたい、早く泣き止ませてあげたいとの思いも重なり、苛立ちが極限に達する。

言葉をまだ習得していない幼い子どもが、一番身近である親とうまくコミュニケーションができず、親の側もそれに苦労する。しかもそこに親の発達障害というハンディキャップがあったとするならば、その苦労は倍増するのは明らかである。

このHさんもまさにそうであった。幸いこの男児には大きな後遺症は残らず、その後は夫や実家の母親だけでなく、地域の子育て支援を受けながら男児の育児をなんとか乗り切り、小学生までに育て上げたのである。

3 「共感する力」がないと不適切な子育てに向かう

一般的なことを言えば、子育てというのは親が「子どもの身になって考えたかかわりを持つこと」だと言えるかもしれない。特に、年齢が幼く、自分ひとりでは何もできない子どもの場合はなおさらそうである。

例えば、食事の提供を取り上げても、「この唐揚げは息子の大好物だから」と料理をしながら思い、それをおいしく食べてくれると親としても嬉しく満足感に浸れる。それが単に料理を作る作業だけとなると、親にとって楽しみは半減し、子どもにとってもお腹は膨れてもそれ以上の気持ちの満足感は得られないかもしれない。

モノでも扱うように子どもとかかわるIさん

Iさんは38歳の会社員の男性であり、妻との間に2歳の息子がいる。Iさんは他者と歩調を合わせたりすることが苦手で、非常にマイペースで物事の捉え方が型破りで独特な面があった。そのため、家庭でも妻と協働して何かをするということはしにくく、休日などは互いに別々の好きな趣味をして過ごすことがほとんどであった。

そんなIさんであったが、息子は大事にしてかわいがっていた。休日は一緒に遊んだり、子どもを嫌がらずに風呂に入れたりしてくれてもいた。しかし、子どもを世話するやり方がどうも雑というか丁寧さがなく、モノでも扱っているかのような面が随所に見受けられた。

例えば、子どもを風呂に入れたときなど、浴槽から出る際に湯水で濡《ぬ》れた体をタオルで拭けばよいものを、Iさんは両手で息子を持ち、激しく上下に揺すって湯水を切ろうとする。そうされる息子にしてみれば、せっかく気持ちのよいお風呂に入ったのに、出てくるときに大きく揺すられる不快感は半端ではなかったと推測できる。

しかし、Iさんはそんな息子の気持ちを理解できず、息子の体に付いている湯水を手っ取り早く切りたいという考えから、こんな行動に至ってしまう。

Ｉさんのことを、「なんてひどい父親だ」と思う人も少なくないだろう。しかし、彼としては決して子どもを愛していないわけではない。単に、湯水を切るためにとった行動であり、そこに子どもへの共感が欠けているという、ただそれだけのことなのである。

このＩさんには他にもさまざまな特異な行動が見られた。まだ息子が1歳になるかならないかの頃、泣き止まない息子にどうしたかというと、無理矢理ミルクの入った哺乳瓶を口に入れて泣くのを止めさせたり、あるときは息子の耳のそばで「コラッ！」と大声を出したりもした。息子はそんなことをされて、ビックリして泣くのを中断してしまうのであるが、Ｉさんは泣き止ませた自分のことを「泣き止ませの天才」と自慢するのであった。

こんなところにもＩさんがいかに子どもの身になって考え、共感的になれないかがよく出ている。Ｉさんとしては、湯水を切りたい、泣き止ませたい、といったことしか頭になく、そこに子どもの気持ちをくむことが抜け落ちていると言えるのである。

4　独特なコミュニケーションが与えるストレス

このように、相手のことに配慮しない行動やコミュニケーションが、その相手に不快な思いを抱かせるだけでなく、時にはそれが大きなストレス要因となって、心に傷を与える事態にもなることがある。

難解な言葉で長時間説教をしたJさん

Jさんは47歳のエンジニアの男性である。Jさんは妻と小学校4年生になる息子、幼稚園年長の娘の4人で暮らしていた。息子は活発で元気がよく、最近はしだいに母親の言うこともきかなくなり、「パパが帰ってきたら、叱ってもらうから」と母親から言われる場面がめっきり多くなっていた。

それを受けてJさんは仕事から帰宅後、息子をリビングに呼び寄せ、夜中遅くまで延々と説教をする。しかもその説教のあり方はJさん独特のもので、自分の専門である機械のことを比喩を用いて説明したり、小学校4年生の息子にとってはあまりにも難解な語句や四字熟語を多用したりし、2時間でも3時間でも一方的に話すのであった。

息子は当初おとなしく父親の話を聞いているものの、長時間になってきて、しかも父親の話す内容がちんぷんかんぷんであるため、あくびをし上の空で聞いてしまう。そうすると、Jさんはさらにテンションを上げ、ますます熱弁を振るうことになり、それが止まらず時間が過ぎていくという悪循環を生んでいた。

確かに、Jさんとしては妻から説教をしてほしいと頼まれ、父親としても息子のためにと思って時間を費やし、懸命に話をして諭そうとするのは理解できなくもない。しかし、それが目の前の息子にどう映っているか、また息子は自分の言わんとすることを理解しているかということを抜きにして自分勝手なコミュニケーションとなっている。そこには相互にわかり合えるという感覚や相手の気持ちが伝わるといった感情は乏しく、結果的には子どもには苦痛以外の何ものでもない体験となってしまう。

Jさんは四字熟語をよく知っており、この文脈でそれを使うと相手によく伝わると思っているかもしれないが、四字熟語を知らない者にとっては、外国語を話されているかのように思うに違いない。

このJさんの息子の立場になると、その場から逃げ出すこともできず、かといって聞いているふりをしないと延々に話が続き、より一層の苦痛を背負う窮地に追い込まれる。

ここまでひどくはないものの、入学式や卒業式などの行事で、校長先生やＰＴＡ会長などが壇上で長々と挨拶をし、子ども心に嫌気がさした経験はないだろうか。話される内容があまりにも堅くて馴染めず、いつ終わるのだろうかと思いながら退屈さに耐えたことを思い出してしまう。本当ならそんな式典からいっそのこと逃げ出したくも思うが、皆の手前そんなこともできずに辛さに耐えるのであるが、まさにＪさんの息子はそれ以上であったはずである。

「お前は発達障害か！」と口にするＫさん

このＪさんの事例だけではなく、共感性がないコミュニケーションをすること自体が心理的虐待に発展する場合もある。

Ｋさんは34歳でパート勤務をしている女性で、以前に自閉スペクトラム症の診断を受けたことがあった。Ｋさんには小学校5年生の息子がいるが、その子は学校で同級生とのトラブルも多く、多動傾向が顕著に見られた。

そのため、学校の先生から一度医療機関に相談に行ってはどうかと勧められ、Ｋさんが受診させたところ、息子は注意欠如多動症と診断された。すると、Kさんはその後ことあるごとに息子に対して、「お前は発達障害か！」と口にする。

息子としては、確かに医師からそう診断されたのだから言われても仕方ないと幼心に思いつつ、そのことをはっきり口にされると、自分がダメな人間であると傷ついたり、情けない気持ちが膨らんできたりすることもあった。

一方、Kさん自身はというと、「お前は発達障害か！」ということを悪気もなく口にしているところが見られた。本来なら、それを言うことによって言われた本人がどれだけ傷ついてしまうかをわかりそうなものであるが、Kさんにはそこが今ひとつわかっていない。それどころか、周囲から「そんなことを言ったら、息子さんが傷つくよ」と忠告されると、Kさんは「どうしてですか？　嘘を言うのはいけないけど、事実を言っているのがなぜいけないのですか？」とケロッと言ってくるのである。

ここにも、Kさんの共感性の欠如が見られ、相手の立場に立てない特性がこの発言の背景にあると言える。先のJさんの事例と同じように、共感性のないかかわりやコミュニケーションが知らぬ間に相手を傷つけたり、ストレスを与えたりしてしまう。

ただ、ここで注意深く見てみると、定型発達の人の心理的虐待と、発達障害の人の心理的虐待とは少し質的に違っている。定型発達の人の場合の心理的虐待は、子どもにこんなことを言えば嫌がるだろう、この発言をすると傷つくだろう、ということをわかってあえて実行する。

それに対して、発達障害の人の心理的虐待は、それが読めずに言ってしまうところに大きな違いがある。結果的にはそれを言われる子どもはいずれも傷つくのであるが、そのプロセスやメカニズムの違いがあることは頭に入れておく必要がある。

5　表情を読み取った対応ができない

高熱が出ていても病院に連れて行かなかったLさん

子どもの身になって考えられないという事例の一つに、こんなものもあった。

Lさんは37歳の専業主婦をしている女性で、小学校4年生の息子がいる。ただ、このLさんはたびたび息子が高熱を出しているのに病院に連れて行くことも薬を与えることもしなかった。

そんなある日のこと、学校から帰宅した息子は膝に怪我をし、そこから少し出血をしていた。Lさんはそれをめざとく見つけ、「どうしたの？」と声をかけたところ、息子は学校で転んだと言った。その後、Lさんは怪我の処置をしてもらいにすぐに息子を病院に連れて行った。実際のところはかすり傷程度の怪我であったため、消毒をするだけの処置であったが、Lさんは病院から戻るとすぐに学校に出向いていった。

そして、担任の先生に対して、「怪我をしているのに、どうして病院に連れて行くとか、処置をするとかしてくれなかったのですか？」とえらい剣幕で怒りをぶつけるのであった。

学校としては、この程度の怪我はよくあることで、本人も「大丈夫」と言っていたので処置はせずに帰したと述べたが、Lさんはそれに納得しなかった。対応に当たった先生としては、「高熱を出しているのに病院にも連れて行かず、学校でちょっと怪我をしたぐらいで大袈裟に騒ぎ立てる母親。いわゆるモンスターペアレントやクレーマーだ」と考えた。

確かに、この部分だけを抜き取れば、先生の思いもわからなくもない。しかし、このエピソードをもっと注意深く見ていくと、こんなことがわかってきた。

「人の表情が読み取れない」という特性

Lさんは自閉スペクトラム症の疑いがあり、物事を自分勝手に受け取ってしまう傾向がこれまでも多かった。相手の気持ちが理解しにくいこともあり、オブラートに包んだ言い方をせず、はっきりものを言ってしまうため、対人関係が円滑にいかずトラブルになってしまいやすい。しかも、Lさんは他者の顔が覚えられず、何度会っても名前と顔が一致しない。それが余計に人と親密になりにくい理由にもなっていたし、人の表情が読み取れないという特徴も、そこに一因があったのである。

ここまでわかってくると、Lさんがどうして高熱の息子を病院に連れて行かなかったのかが理解できる。つまり、わが子が熱を出していることに気づかなかったのである。

確かに、息子の額を触ったり、体温計で熱を測ったりすれば、高熱を出していることがLさんにもわかったはずである。しかし、そうでもしない限りLさんにはわからなかった。多くの親なら、わが子の表情がいつもと違う、なんか顔が火照っている感じがするということを察して、熱があるのではないかとわかるかもしれない。しかしLさんの場合はそうならない。

しかし、出血をしている場合はこのLさんにもすぐに気がつく。なぜなら、視覚的に明らかであるからである。

そんなことを考えると、Lさんは決して子どもに無関心でもネグレクトで放置しているわけでもない。ましてや、担任の先生が言うように、モンスターペアレントやクレーマーとは違う。逆に、息子のことを大切に思い、愛情深いところが随所に見られるのであった。

6　子どもファーストではない自分本位な養育

このLさんの事例のように、発達障害の特性があるゆえに、子どものことへの配慮が足りなかったり、意思疎通というコミュニケーションができなかったりした結果、自分本位な養育となってしまうことが少なくない。

子育ては、親が子どもをコントロールして自律を促進させたりしつけをしたりしつつも、その中で子どもの自主性を尊重することが大切なのである。すなわち〝子どもファースト〟となったかかわりが子どもをのびのび育てていくこととなる。

しかし、それが発達障害の特性ゆえにできない親がある。次の事例もまさにそんな事例である。

強引に離乳食を食べさせたMさん

Mさんは24歳の女性で、8か月前に初めて女児を出産した。もちろん育児にも慣れておらず、子育ての様子を見ていると不慣れでたどたどしい感じが家庭を訪問した保健師にもよくわかった。その保健師は「最初の子は誰しもそうなのよ」とあたたかい言葉をかけ、Mさんを見守っていた。そんなある日、子どもが喉を怪我して救急車で運ばれたとの連絡が保健師に入った。

保健師はすぐにMさんと面接したところ、離乳食を与えていたが子どもが嫌がって食べなかったので、スプーンごと無理矢理に娘の口に入れ込み、そのときに怪我をしたのだという。保健師はどうしてそこまで強引に離乳食を食べさせようとしたのかと不思議に感じたが、話を聞いていくとこんなことがわかってきた。

Mさんはこれまでも日課の変更が嫌いで、毎日の決まり切ったルーティーンをしっかりしなくては気が済まないところがあった。今日の予定表を分単位までカレンダーに書き込み、しかも1週間あるいは1か月先の予定までびっしり記入していた。予定していたことが円滑にいかない場合は不安になって、時にはパニックのようになったり、気分が落ち込んだりする。心療内科では医師から自閉スペクトラム症の疑いと指摘され、投薬こそなかったものの、Mさん自身もそんな特徴が自分にあるという認識は持っていた。

Mさんは離乳食を開始する前の授乳する場面でも似たようなエピソードが見られた。Mさんは出生まもない乳児はおっぱいを飲む量も少ないため、3時間ごとの授乳をすることが必要とどこからかで学び、その知識を入れていた。

それはそれで悪くはないが、Mさんの場合は子どもがスヤスヤと寝ていても、時間を正確に計り、3時間が経ったら無理矢理に子どもを起こしてまできっちりおっぱいを与える。当然、子ども側からすると、気持ちよく寝ていたのに急に起こされ、口に乳首をくわえさせられるので、どんな気持ちになるか想像できる。しかし、Mさんはそんなことはお構いなしに、子どもの気持ちよりも時間を優先した子育てをしていた。

今回の娘への離乳食時も、決まった量の食事を食べさせなければMさんは不安で不安で仕方ない。少しでも残そうとするものならその不安が極限に達して、無理矢理に口に入れ込む行動となってしまったのであった。

確かに、初めての子育ての親は何もかも不安だらけで、育児書あるいはインターネットで書かれているやり方通りにいかないと心配でならないと訴える人も多い。ただ、仮にそうだとしても、目の前の子どもの様子を見ながら、嫌がっているんだとしたらこちらの行動にブレーキを利かせることも必要となってくる。

このMさんの場合は、発達障害の特性もあったゆえ、決まり切ったことをしないと不安が増大し、しかも目の前の子どもの気持ちへの共感も働きにくかったために今回の出来事となってしまった。

いずれの事例においても、親に発達障害の特性があるために、子どもの立場に立てずに自分本位な子育てになってしまったり、子どもとのコミュニケーションができずに子どもがストレスを感じ、時には傷つき体験にまで至ってしまったケースである。

そんな養育のあり方を外から見ていると、「なんと無茶苦茶な子育て」「あまりにもひどい親」と思われるかもしれないが、特性がそうさせている面も大きいのである。われわれ支援者、そして周囲の人間はそこをしっかり見据えながら、その対処の方法を考えていくことこそが大事だと言える。

第6章　「柔軟性の欠如」という困難

1　「臨機応変さ」が子育てには必須条件

子育てはトラブルの連続

子育てをしているところを外から見ていると、毎日毎日、親が決まった時間に食事を提供し、オムツを替え、寝かしつけるという繰り返しのように見えるかもしれない。しかし、実際に子育てをしてみると、機嫌のよいときはミルクもよく飲むし、眠りについても少々のことで目を覚まさないが、逆に機嫌の悪いときや体調がすぐれないときはミルクをあまり飲まないし、寝付いてもすぐに目を覚ましてぐずつく。

養育をする親はなかなかこちらのペースで子育てをさせてもらえず、子どものその時々の状態に合わせてやっていかざるをえない。まさに、そこには〝臨機応変さ〟が求められるのである。

しかし、発達障害で自閉スペクトラム症がある人の中には、得てしてこの臨機応変さの点でうまくいかないことが少なからずある。すでに第3章で説明したように、彼らの中には想像力が乏しく、先を見通すことがしにくい人がいる。それゆえ急なアクシデントやトラブル、あるいは予定の変更などがあるとたちまち混乱し大きな不安に直面する。そのため、日課を細かなところまで設定したり、いつも決まり切ったことをしたりしている方が情緒的な安定につながるのである。

ところが、子育ては同じルーティーンの繰り返しではなく、アクシデントやトラブルの連続である。それぐらい、毎日いろんなことが起きる。そこに親の臨機応変さがあるからこそ、適切に、あるいはそれなりに対応できるのである。

しかし、自閉スペクトラム症のある親の一部はその部分で大きくつまずいてしまい、時にはそれが不適切な養育あるいは虐待にまで発展してしまうことだって少なくない。

子どもがやせても母乳にこだわったNさん

23歳の会社員であるNさんは初めての出産を迎え、子どもができる喜びと同時に不安も大きく抱えていた。妊娠中からいろんな育児書を片っ端から読み、いいお母さんになろうと心に決めていた。無事出産をし、子どもも順調に育っていてそこまでは何ら問題は見られなかった。出産したあと、仕事に復帰するために子どもを保育園に入れた。

そんなNさんは、出産前に2歳まで母乳で育てようということを決めていた。どこかの育児書にそれが載っており、Nさんは母乳を与えることが子どもにはよく、母子の関係にも大切なのだというところに共感し、自分もそれをやりたいと考えたのであった。

当初はNさんの母乳もそれなりに出ていたので問題はなかったが、仕事に復帰し始めてからは母乳の出が悪くなった。保育園に子どもを送っていく際にはNさんは搾乳器《さくにゅうき》でしぼり出した母乳の入った哺乳瓶を届けるが、子どもの月齢が大きくなるとそれだけでは足りない。保育園の先生も「お母さん、母乳に代えてミルクにしませんか?」と提案をするが、Nさんは断固としてその提案を受け入れず、「私はこの子が2歳になるまで母乳で育てます!」と一点張りであった。

しばらくはそんな状態の中でやってはいたものの、子どもの体重が思いのほか増加せず、発達曲線の枠からも大きく逸脱するところまですでにきていた。離乳食を与える月齢には少し早いこともあり、母乳の足りないところをなんとかミルクでカバーをしてもらおうと、保育園側はNさんに「ミルクにしましょう」と提案するも、まったく受け付けない。そんな状態になっても、Nさんは母乳にこだわり、保育園の先生はもとよりNさんの夫や母親の忠告も聞き入れなかった。

このNさんには自閉スペクトラム症の特性があり、これまで医療機関で診断こそ受けていないが、Nさんの母親によると、小学校の頃からこだわりの強さや柔軟に物事に対処できない特徴があったとのことである。あるときは、学校の行事予定をコロコロと変える対応に腹を立て、校長先生にも文句を言ったこともあった。

ただ、今回の場合はNさんの気持ちの問題だけでなく、子どもにもかかわることであり、Nさんのこだわりが子どもの生命にも影響する重大な局面にもなりかねない事態である。そこで、保育園だけでなく、相談を受けた児童相談所、地域の子育て支援センターがこの対応を協議することになった。

子どものことを思うNさんの気持ちは十分に理解できるものの、こだわりの強さから目の前の事態に柔軟に対処できず、それが子どもへの危機場面となっている。しかし、誰がどう説得しようとしてもNさんには届かず、事態が改善しないばかりか、このままでは児童相談所が子どもを一時保護し、親権の一時停止などの手続きをするなどして対処せざるをえないとの話し合いになった。

頑ななNさんの心を動かした存在

そんなとき、会議に参加していたケースワーカーから、「Nさんは出産をした病院の産婦人科の女医さんのことはすごく尊敬をしている」との話があった。みんなはこの医師からNさんに助言をしてもらい、母乳からミルクに代えるように説得してもらおうということとなった。

この女医の先生も事情を理解してくれ、数日後にNさんを呼び出して話をしてみるとの協力が得られた。すると意外な展開を迎えた。その先生は「その後どうですか？　子育てで困ったことはない？」とNさんに質問したところ、Nさんは「そうですね。母乳があまり出ないのです」と述べた。

そこですかさず先生は「じゃ、明日からミルクに代えたら」と言ったところ、意外にもNさんは「そうします」と言うのであった。そして、Nさんは発言したとおり、翌日からミルクを子どもに与え始め、その後は危機場面を回避することができたのである。

ところで誰の言うことも聞かなかったのに、Nさんはなぜ女医の先生の言うことだけは聞いたのだろうか。それはこの女医の先生はNさんにとってはカリスマティックな存在であり、保育園の先生や家族やその他の人たちとは違う人物であったからである。このことは第9章でも取り上げるが、他者とかかわりが持ちにくい自閉スペクトラム症の人であっても、この人とはつながれるという人物がいるものである。

自閉スペクトラム症者にとってその人が尊敬できるところを持っていたり、通じやすさを持っていたりするところがあるとき、カリスマティックな対象となることがある。このNさんも女医の先生は特別な意識やまなざしを向けた存在であり、他の人がいくら言っても耳を傾けなかったが、女医の先生の一言で事態が動いたのであった。

2 「いい加減」が効力を発揮する子育て

先のNさんの事例のように、わが子のことを思い、大きく立派に成長してほしいという願いはどの親でも同じであろう。しかし、それがあまりにも一人歩きをし、そこに臨機応変さがないとなると、目の前のちょっとしたつまずきが大きなピンチとなってしまう。

Nさんの場合は、自閉スペクトラム症という特性がそれを際立たせたのかもしれないが、仮に障害がなくても、大なり小なり同じようなことが子育てには起こりうるものである。

「いい加減」という言葉をどう感じられるだろうか。そこにはだらしない、中途半端、責任回避、といったイメージを重ね合わせる人もいるかもしれない。しかし、この言葉をポジティブに受け止めると、臨機応変であったり、柔軟であったりという側面もある。

次に挙げる事例はこの「いい加減」が、育児にはとても求められることを知るものである。

完璧主義で離乳食がうまく作れなかったOさん

Oさんは生後9か月の子どもを持つ26歳の母親である。Oさんは会社でも真面目でミスが少ないことで有名であり、家庭においても几帳面《きちょうめん》に掃除をしたり、食事も手を抜かずにインターネットや料理本のレシピをしっかり頭に入れて作ったりする。

子どもがしだいに大きくなり、そろそろ離乳食に移行する時期となった頃の出来事である。実はあれだけテキパキといろいろなことがやれるOさんであったが、離乳食がうまく作れない。普段の食事はレシピを参考にして作れるのに、離乳食だけがうまく作れないのである。

その理由は、通常の料理は形があり、色がある。しかし、離乳食の場合、目の前にいる子どもの状態によって、どこまで料理を柔らかく潰して子どもの口に運べばいいのか悩ましい。あまりに固形になっている部分が大きいと子どもはそれを喉に詰まらせたりして怖いとも感じる。

要するに、Oさんは料理をどこまで細かく潰していいのかわからず、離乳食を作ってはみるがわが子に食べさせられずに捨て、再度作っては捨てと繰り返し、いつまでも子どもに食事が提供できないのであった。

確かに最初の離乳食のときの親の勇気は、並大抵のものではない。恐る恐る子どもの口に離乳食を運ぶが、子どもが食べにくくて、口に入れたものを吐き出したら、「もう少し料理を柔らかくしよう」「ちょっと大きかったから小さく潰してみよう」と試行錯誤をする。つまり、ここには親の臨機応変さや柔軟さが思いのほか求められる。

しかし、Oさんのようにそれが備わっていないとしたら大変である。完璧主義で決まり切ったことはミスもなくできるOさんだとしても、離乳食の大きさ、硬さなどにはこれが正解というものはなく、そのときの子どもの状態次第でもある。Oさんのようにあまりにも不安が先立つと、「エイヤー」と行動に踏み切る勇気が出ず、それから前に進めない。

子育ては毎日同じルーティーンの繰り返しではないと書いたように、まさに試行錯誤の連続である。親のペースで物事が進めば問題はないが、子育ては一方的な作業ではなく、親と子どもの相互作用の中で成り立っている。いくら親がこうしようと考えて動いても、子どもの方が受け入れなかったり、提供されたものをうまくかみ砕くことができなかったりするとなると、子育ては停滞してしまう（離乳食はまさにそれを象徴するものかもしれない）。

臨機応変さや柔軟さがある人にとっては、「なんだそれぐらい」と思うかもしれない。離乳食もそこまで厳格にはできないので、ある意味「いい加減」でいいと考える人もいるに違いない。一方で、子どもが食べ物を喉に詰まらせることを想像すると、大きな恐怖が伴うのはもっともではあり、そんなときには知っておくべき対処法もある。

例えば、0歳児の場合は背部を手のつけ根で5～6回叩いたり（背部《はいぶ》叩打法《こうだほう》）、胸の真ん中にある硬い骨の上を押したり（胸部突き上げ法）、1歳以上の子どもの場合はみぞおちの少し下に握りこぶしを当て、反対の手で握りこぶしを包んで、一気に斜め上に引き上げたり（腹部突き上げ法、ハイムリック法）、それで異物が出なければ、立て膝に乗せた背部叩打法も行い、ハイムリック法と繰り返す。これを知っているだけでもずいぶん安心感が違うし、離乳食を進めていく上で勇気となろう。

3　子育ては同時処理をいかにこなすか

子育て真っ最中の親、中でも母親は家の中でやらなければならないことが山ほどあり、さまざまなことに追われる。特に、小さい子どもであったり、1人だけではなく複数の子どもがいたりする場合などは、家の中が戦争のように慌ただしい。

そうなると、一つのことに集中できず、あることをしているときに子どもが側で泣いたり、さまざまな要求をしたりしてくるので、それにも応じなければならない。大抵の親はそこをうまくやりくりしながら上手に家事と育児をこなしていくのであるが、それができない人がいる。

子どもを必ず迷子にさせてしまうPさん

Pさんは5歳の男の子を持つ母親である。このPさんはわが子を大切にし、手を上げたりする身体的虐待はもとより、食事の提供をしないなどのネグレクトはまったくない親であった。

ところが、子どもが少し大きくなり、ひとりで勝手に歩き回ったりする年齢になると少し事態が変わってきた。特に、Pさんと子どもの2人で買い物に行った際には必ずと言っていいほどに子どもを迷子にさせてしまうのである。

近所のスーパーならまだしも、大きなショッピングモールなどで迷子になると、探すのに一苦労する。そのたびに子どもは迷子預かり所にお世話になったり、交番に預けられたりする。そんなことが度重なるため、警察官も親がネグレクトしていると考え、児童相談所に虐待通告をしたのであった。

なぜPさんはこのように買い物に行くたびにわが子を迷子にしてしまうのだろうか。そこには、Pさんは物事を遂行する際に同時処理ができないという特徴があったのである。この特徴はもちろん定型発達の人にもしばしば見られるが、発達障害である限局性学習症や注意欠如多動症の人にも顕著に見られることがあり、結果的には物事に臨機応変に柔軟に対処することができない。

小学生でも、授業中、黒板の字を見ながらノートにそれを書き写すことができない児童がいる。つまり、黒板の字を「読む」ということと、ノートに「書く」ということを一度に処理するという行動や認知のあり方がうまくいかないのである。

大人の場合にも二つ同時に違う作業をすること（例えば、電話をしながらその内容をメモすること等）ができない人がいる。一つひとつのことなら難なくできるが、それが同時となると途端にうまく処理ができない。

そしてPさんにも、その問題があったのである。通常ならわが子が何をしているか、どこにいるのかをちらちら見ながら商品を選んだりするが、Pさんは商品に意識が向くと、子どものことには目が行き届かない。ようやく買いたい商品が決まった段階になるとわが子がいないということを繰り返さざるをえないのであった。

同時処理ができないという特性

Pさんには子どもを迷子にさせてしまうだけではなく、家庭の中でも似たようなエピソードがたくさんあった。例えば、台所で料理をしていて、二つのコンロで違う鍋料理が同時に作れなかった。具体的に言うと、ある一つのコンロでハンバーグを作りながら、もう一つのコンロでスープを作ることができない。もちろん、ハンバーグならハンバーグで、スープはスープで別々に料理をすることはできるが、それを一度に処理することがなぜかできないのである。

要領が悪いと言ってしまえばそれまでであるが、ここにあるように子どもを迷子にさせてしまい事故などにつながってしまうと大変なことになる。そのため、指導する側は「子どもから目を離さないで！」と注意をするものである。

しかし、そもそも同時処理ができないのであるから、子どもばかりに目を向けていると他の一切のことができなくなる。定型発達の人は同時処理をする能力をそれなりに備えているので当たり前のように思ってしまうが、それができない人にとっては思いのほか苦労が多い。このPさんもまさにそうであった。

4　こだわりが強いことは考えもの

臨機応変に物事が処理できない、柔軟性がないという特性が、こだわりにつながってしまうことがある。例えば、一日の仕事を始める前には必ずコーヒーを飲まなければ仕事を始められない人も少なくないのではなかろうか。また、アスリートの人の中にも、試合前や試合中に、その人ならではのルーティーンやポーズをしたりする人がいることは知られている。

発達障害、中でも自閉スペクトラム症がある人の場合、特性の一つとしてそんな日課やルーティーンに対するこだわりの強さがある。

わが子をGPSで監視するQさん

Qさんは小学校6年生の息子を持つ母親である。とても子ども思いでいいお母さんなのであるが、自閉スペクトラム症があり、こだわりは強かった。例えば、数字や個数にこだわり、割り切れない奇数を嫌って偶数の数字を好む。スーパーで何かの商品が安売りをしていると、あえて偶数の個数を買っていた。

そのQさんには、数字以外にもGPSへのこだわりもあった。常に自分のスマートフォンを見て、わが子が今どこにいるかをGPSで確認している。昼間は学校にいるので確認する必要はないかと思うが、Qさんは「学校をさぼってどこかに行っているのではないか」「体調が悪くなって、学校から病院に行ってはしないだろうか」等と気がかりで昼間もGPSを見ている。

放課後になるとさらに息子の行動が気になり、帰宅すると必ず念入りに「今日はどこに行ってたの？」と確認する。そんなときに自分の調べていたGPSの情報と違うことを息子が申告しようものなら、Qさんは「嘘つき！」と語気強く言って、時には拳骨で殴ることもあった。

同じく次のRさん、Sさんも、診断こそされていないものの、過度なこだわりを感じさせられる事例である。

不安の大きさが根底にある

Rさんはさまざまなことにこだわりが強い父親であった。一日の日課に固執し、自分はもとより妻や子どもにまでそれを厳格に守らせようとする。

その日課はというと、中学校1年生の娘と小学校5年生の息子には、朝の4時から早朝学習と称して勉強をさせ、午前6時になるとラジオ体操をRさんと2人の子どもがする。その間にRさんの妻はお昼のお弁当を3人分作り、午前7時には家族そろって朝食となる。その朝食のメニューもおおよそ曜日で決まっている。

こんな日課が朝から晩までぎっしり詰まっている。それだけでも筆者としては窮屈だと感じるが、Rさんは電気のON－OFFのタイミング、朝の歯磨きや洗顔の際の水道の開け閉めなど節約の仕方、排便の方法に至るまで厳格に決め、それを守らないと家族をきつく叱っていた。

ここまで来ると、単にRさんのこだわりだけでは終わらず、場合によっては子どもや妻の自由を奪い、行動を強要させてしまう不適切な養育となってしまう。

勉強をよく見てくれる父親Sさんは、Rさんのように日課などには厳格ではないが、漢字の書き方については異常と言えるほどにこわだりを持っていた。

Sさんには小学校5年生の息子がおり、仕事から帰って夕食を済ませたあと、子どもの学校の勉強などを熱心に見てくれる。ただ、漢字には非常にこだわりが強く、「立派な大人になるためには漢字はしっかり身につけておかなければならない」と口癖のように言っていた。

そして、息子の横について、漢字学習を見るのであるが、息子が漢字の書き順を少し間違えるとすぐに指摘し、「もう一度、一からやり直し」と何度も書かせる。また、漢字の一文字一文字のハネやハライも注意深く見ており、ハネるところを止めていると「もう一度、最初からやり直し」と再度やらねばならない。深夜遅くまで何度も漢字を書かされることがしばしばあった。

このSさんはアメリカ航空宇宙局（NASA）に関心が強く、そこに子どもを入れることが夢だったようで、息子が漢字を間違うと「それではNASAに入れないぞ」と言うのが口癖でもあった。NASAと漢字の学習とどう関係があるのかわからないが、親のこだわりをそこまで強く家族に求めることは、果たしていかがなものかと感じてしまう。

こうした行動をしてしまう背景として、彼らはどうしても想像する力が乏しいため、先のことを見通しにくかったり、何かアクシデントやトラブルがあると想像以上にパニックになって困惑してしまったりしやすいという事情もある。

もっとストレートに言うならば、そのような背景があるために、定型発達の人よりもそもそもの不安が大きいと言えるのである。

そのため、決まり切ったことをしている方が安心でき、日課やルーティーンを厳格に守ろうとする。それが高じてしまうと、些細《ささい》なことでも見過ごすわけにはいかずにこだわり、それ以外の方法や考えは許容できないという頑《かたく》なな態度になってしまうのである。

参考

窒息時の対応について易しく解説しているサイト：まめねこ「【マンガ】離乳食で窒息事故…原因は「つめこみ」。とっさのとき、私達がすべきこと。」

第7章　「認知の歪み」がもたらす不適切な養育

1　ネグレクト死亡事例に見る共通点

垣間見える子への愛情

近年いくつかのネグレクトによる死亡事例が起きている。その中でこれから取り上げる二つの事例を記憶している人も多くいるのではなかろうか。

一つは、2020年6月に東京都大田区で起きた3歳になる女児を自宅に8日間置き去りにして死亡させた保護責任者遺棄致死事件である。この母親はわが子を放置して、鹿児島県にいる交際相手のところに行っていた。

ここだけ見れば、なんて残酷な母親なんだろうと思うかもしれない。しかし、この母親はいつもわが子をほったらかしにしネグレクトしていたわけではなかった。インスタグラムに母親と娘が楽しそうに笑っている写真がアップされていたり、近所のコンビニに仲良く2人で買い物に行ったりする姿も目撃されている（文春オンライン、2022年1月27日）。

裁判等でしだいに明らかになってきたことは、高橋ユキの取材によると、この母親自身も幼少期から実母にネグレクトされ児童養護施設に入所していたという事実である。そして、実母が継父と再婚後は一旦家に引き取られはしたものの、実母からバットで殴られたりゴミ袋に入れられて風呂場に放置されたりするなど、それはひどい虐待を受けていたという。

もう一つは、同じ年の2020年9月に香川県で起きた6歳と3歳の姉妹をネグレクト死させた保護責任者遺棄致死事件である。この母親は姉妹を駐車場に停《と》めた車中に放置し、約15時間にもわたり複数の飲食店をはしごして飲酒を続け、翌日に駐車場に戻ってきた時には車内にいた2人の子どもはすでに熱中症で死亡していた。

母親は経緯《けいい》について「育児や夫との不仲などのストレスを発散したかった」「運転中に子どもがすぐ寝ることに気づき、この時間なら飲みに行けると思った」と話した（『朝日新聞』香川県版、2021年2月17日朝刊）。しかしこの日は車内の温度が上がり、結果的に中にいた2人の子どもが熱中症となって死亡するという痛ましいことになった。

法廷で夫は「完璧な母親だった」と語り、また幼稚園側も「やさしいお母さん」だったという印象を持っていたという（同、2021年9月4日朝刊）。

上記二つのネグレクトによる死亡事例に共通するのは、母親は日常から常にわが子を放任し育児を放棄していたわけではないということである。そして、いずれの母親もわが子をかわいがっていた状況が周囲の者から確認されており、子どもへの愛情がなかったとか、愛情が乏しくなっていったというわけでもなかったことが言える。

問題は「認知バイアス」

それよりも、筆者が注目したいのは、この2人の母親の持っているものの見方の方に問題があったのではないかという点である。つまり、子どもやさまざまな状況を捉える母親の認知に歪みが生じていたことがこのような事件につながったと言えるのではなかろうか。

この認知の歪みを〝認知バイアス〟と呼ぶ。上記の事例においては、わが子に注意が向いているときは親としてそれなりの適切な対応ができている。しかし、あるとき、ある場面ではその子どもに向けられていた注意が、彼氏にサッと移行して遠方まで会いに行くという行動を起こさせたり、あるいはわが子への注意が急に飲酒にそれてしまい、夜通し飲み歩くという行動に向かわせたりしてしまう。要するに、親の注意を向けられる対象が子どもから別のものに簡単に移ってしまいやすいように見えるのである。

さらに言えば、注意がそれた結果、置かれている子どもの先に生じかねない危険性を想像することもできず、仮に子どもに注意はあったとしても、認知の問題があるために周囲の状況をしっかりつかむことができず、死という落とし穴に落っこちてしまう。

そんな人に限って、「これまでは同じようなことをしても平気だったから」といった弁明をすることも多いが、筆者にはその発言の中にも大きな認知バイアスがあることが感じられる。

2　責任論・愛情論では効果がない

マスコミの報道でこれらの死亡事例を知った多くの人は、「なんて無責任な親なんだ」「子どもに愛情がない残酷極まりない親だ」と言うに違いない。そう見られてもやむをえないほどの行為であることは間違いない。マスコミはマスコミで、このようなネグレクトをする親を非難し、「親としての自覚を持ち、子どもに対して責任を全うすべきだ」「もっとわが子に愛情をかけ、大切に育てるべきだ」などと、これまた責任論や愛情論をぶちまけたりもする。

この二つの事件に限らず、これまでも何度も同じような出来事が社会では繰り返され、同様に先の責任論や愛情論が持ち出される。しかし、それが虐待防止の歯止めに本当につながっているのだろうかと考えさせられてしまう。

近年では、若い世代の親たちの中に、「親が子どもに愛情をかけるのは頭ではわかってはいるけど、わが子に愛情がわかない。どうすればいいのか逆に教えてほしい」などと声を上げる人も出てきた。そんな状況において、親の責任があぁだこうだと訴えても、決して虐待はなくならないことは多くの人はすでにわかっているのではないだろうか。

なぜなら、あれだけ多くの注目を受けた虐待事例がこれだけ起きていても、しばらくしたら似たような虐待事案が繰り返され、いっこうに減る様子が見られないからである。また、国や自治体があれほど虐待防止の啓発活動をしているにもかかわらず、その効果の手応えが感じられないというのは、もはやこのような責任論や愛情論だけでは足りないということを物語っていると筆者には思えてならないのである。

そんな中で注目していかねばならないのは、親の責任論でも愛情論でもない親の認知の問題である。これまでこの認知の問題はほとんど取り上げられなかったし、実際、認知というのは自分でも気がつきにくいところがある。そして、それは周囲にもわかりにくく、研究対象に挙げられることも多くはなかったからである。

3　認知とは「ものの捉え方」

怒りや被害者意識を生むことも

認知というのは、さまざまなものの見方や見え方のことであり、その人ならではの捉え方と言ってもよいかもしれない。例えば、教室の机の上にペンがあったとしよう。そのペンを見て、ある人は「誰かの忘れ物かなぁ?」と考えるかもしれないし、別のある人は「このペンはもう書けなくなったので誰かが机の上に置いたままにしていった」と受け取るかもしれない。あるいは「ペンがある」ということしか認識できず、それ以外のことを思いつかないという人もいるだろう。このように机の上のペン一つとっても認知はさまざまである。

犯罪心理学などではしばしば敵意バイアスという認知の問題が取り上げられる。例を挙げると、街を歩いていたとき、向こうから見知らぬ2人の通行人が笑いながら自分とすれ違ったとする。

その場面で、攻撃性が高い人は「すれ違った2人は自分に腹を立て悪口を言っていた」と敵意を伴った認知をそのすれ違いの通行人に向け、怒りを抱きやすい。また、自分に自信がなく、対人関係に不安が高い人は「相手は自分のことを馬鹿にしてあざ笑っていた」と感じてしまうこともあるかもしれない。

このようにものの見方や捉え方のことを認知と呼ぶが、その認知は視覚という感覚器官だけではなく、聴覚や触覚といったさまざまな感覚器官を通して受け取られる。また、認知には心理学的に述べると、知覚だけでなく、判断や想像、推論、決定、記憶、言語理解なども含まれ、注意も一つの認知と言える。高齢者に多い認知症というのは、それらの認知機能の低下が原因でさまざまな症状が出てくるものである。

この認知において、ものの見え方や捉え方がありのままに受け止められず、歪みが生じたり、先ほどの敵意バイアスのように自分勝手な捉え方をしたりしてしまうことを総じたものが「認知バイアス」なのである。

認知バイアスは誰にでも大なり小なり必ず存在している。そして、その人なりの認知バイアスの傾向があることも確かである。被害的に受け止めやすい人もいれば、逆に誰からも関心を持たれないと感じて孤独感を抱きやすい人、自分の都合のよいように受け止めてしまう人などさまざまである。

親の認知の特徴を探ることが虐待防止の近道

この認知の問題をあえて取り上げようと考えたのは、発達障害がある人の中には、さまざまなものの見方や捉え方が他の人とは違って独特である人が少なからずいる、ということからである。

もちろん、発達障害の人は必ず認知に問題があるかというとそうではない。ただ、すでに第3章で述べたように、他者から自分がどう見られているか、自分で自分のことをどう捉えているかという点では定型発達の人とは違うところがあり、これもものの見方としての認知の問題ということを頭に入れておく必要がある。

人の認知というのは、思考や感情とは少し違って、自分でそれをなかなかコントロールしにくい面がある。認知の種類の一つである注意を取り上げてもわかるように、その時々で自分の注意が移り変わったり、抜け落ちたりしてしまう。

どんな人でも集中力が途切れるとうっかりミスをしてしまうが、それを考えるとわかるように、注意というのはコントロールしにくい。そして、その本人も自分の認知の特徴や歪み、偏りに意外と気がつかないこともある。

例えば、仕事上のミスを連発する会社員がいたとする。上司がこれまで何度も指導をし、ミスをしないように確認をするようにとは言うものの、それでもその会社員にはミスが続く。そうなると、上司はその会社員にどのような見方や評価をするだろうか。

「あの人は熱心に仕事をしていない」「ルーズで無責任な人だ」「頭が悪いのではないか」などと思ってしまうかもしれない。しかし、実際のその人は仕事をさぼっているわけでも、無責任でも頭が悪いわけでもなく、すぐに物事から注意がそれてしまい、集中がしにくいという認知の問題を抱えているだけのことがある。

しかし、そのことを周囲はもとより本人も気がついておらず、どんどん自分に自信をなくし、しだいに対人関係にも消極的になり、自分の殻に閉じこもっていく。

そのような認知の特徴を理解した上で、虐待をしてしまう親をもう一度見てみることにしたい。もしかすると親に何らかの認知の問題があり、それが虐待につながってしまうことはないだろうか。

そうだとすると、それらの親に責任論や愛情論を振りかざすのではなく、彼らも交えて認知の特徴を探り、それを改善する方法を一緒に考えていく方が得策かもしれない。その方が虐待を防止させる効果的な介入になると思う。

本章では、これまで起こった虐待事例を取り上げ、親のさまざまな認知のありようの具体例を紹介していきたい。また、それらの事例は必ずしも発達障害のある人ばかりではなく、多くの人が多少なりとも自分にも共通する性質を感じられるはずである。そして、親の認知の問題が、いかに不適切な養育や虐待になっていくかがわかっていただけると思う。

4　注意の向け方が子どもの危機を招く

不注意が重大な問題になるとき

認知の中でも「注意」についてはとても大事な柱となっている。一般的に「注意」という用語には、①気をつけること・気を配ること、②用心することの二つの意味がある。うっかりミスなどのように、いわゆる〝不注意〟によるエラーは、ついついうっかりして間違ってしまったり、集中力を切らしていて重要なことをやり損ねたり忘れたりしてしまうことを指す。つまり注意という言葉は、①の気をつけたり、気を配ったりをすることによって、②の用心するという意味となっていると考えられる。

この注意をウィリアム・ジェームズは心理学的に、「注意とは、同時に存在する複数の対象や思考の流れの中から、ある一つのことを明瞭に生き生きした形で心の中に捉えることである」と定義した。

いずれにせよ、不注意が笑えるようなミスで終われば「誰でもミスはつきものだ」と流せるが、仮に単純ミスであっても重大事故や深刻な事態にそれがつながってしまうこともまれではない。そうなると、それは注意の問題を通り越して、態度や責任などのことにまで発展していく。

子どもを置いて出かけ怪我をさせたTさん

子どもを持つと誰でもわかるように、いろんな場面で自分の欲求を満足させるよりもまずは、子どもの欲求を満たしてやらねばならない出来事が発生する。つまり、まず何よりも〝子どもファースト〟であることが問われる。子どもの年齢が小さいほど、それがより強くなることも確かであろう。

そのことは冷静な時はよくよくわかっているのに、いざその場面に直面すると自分の欲求の方を優先させ、子どもの方を後回しにしてしまうこともある。いわゆる何をすべきかの選択の間違いをしてしまうのである。

Tさんは20歳で〝できちゃった婚〟で結婚した母親であった。まだ若かったけれども責任感はあり、出産後は熱心に育児をし、夫の世話も健気《けなげ》にしていた。ご近所の人からも「若いご夫婦なのに頑張っていて、とても幸せそう」と評判にもなっていた。

ところが子どもが1歳ほどになった時期から夫の仕事内容が変わり、つきあいもあって帰宅が深夜になることも多くなった。それでもTさんは懸命に育児を続けたが、疲労やストレスが限界を超えたのか、「このなんとも言えないモヤモヤした気持ちを甘いものでも食べて発散したい」と急に思い立ち、家を出てコンビニに駆け込んだ。

このとき、Tさんの注意は甘いものの方に比重が向けられ、「子どもはこの時間はいつも寝ているから大丈夫」と思い込み、寝ている姿を確認もしないまま外に出て行った。その結果、子どもは目を覚ましていたのか、ドアの音で目を覚ましたのかは定かではないものの、Tさんの不在の15分あまりの時間に部屋を這《は》い回り、ガスストーブで火傷《やけど》をしたのであった。幸い大事にまでは至らなかったが、帰宅したTさんはそれを知り、半狂乱になりながら119番に連絡した。

「なぜそんな行動を取ったのか」自分でもわからない

このTさんの事例を考えてみると、普段ならどこにまず優先的に注意を向け、次にどこに注意を向けるのかという順位をわれわれはそれほど意識せずにやっている。なぜなら、注意を含めた認知には基本的には生物が生命を維持していくための機能が働いているからである。それゆえに、まずそこに注意が優先的に向けられるのである（このことは後述する「危険を察知できない」のところで詳しく説明する）。

例えば、猛獣から狙われている動物は、まずその場から逃れて危険を回避し、生命を守ろうとする。猛獣の存在がわかっているのに、草をそのまま食べ続けている動物がいないように、どれを優先順位としなければならないかを本能的に身につけている。しかし、もはや逃げ切れないとなって窮地に追い込まれてしまうと、小動物であっても精一杯の力を出して猛獣に攻撃を向けて何とか事態を免《まぬか》れようとするかもしれない。

あるいは〝解離〟といって、死んだふりをして（実際に呼吸も止まることがある）、猛獣に死体であることを知らしめることによって、猛獣が自分のところを過ぎ去っていくのを待つという選択も取る（捕食者は一般に動くものに対してしか捕食行動を示さず、動かないものには手を出さない)。このようなある程度は本能的な注意の向け方や優先順位の選択があるのが通常である。

ところが普段はそれができていても、注意というのは周囲の状況やその人の感情やストレス、葛藤などによって容易に変動しやすいことがわかっている。引っ越しを目前に控えて後片付けができない緊迫した状況にいるにもかかわらず、本来ならどうでもいいような作業や後で時間があるときにすればいいことなどをやってしまう。これなども注意の向け方が不適切で、優先順位が間違っていることになろう。これに限らず、似たような例は誰だって一つや二つは持っているはずである。

Tさんも夫の帰宅が遅くなり、育児への不安やストレスが自分で抱えきれなくなって、注意の優先順位の選択を誤ったのである。本来なら「今日は夜も遅いし、子どもが心配だから、甘いものを買いに行くのは明日にしておこう」と自分の欲求を後回しにしたり、「買いにいくけど、その間に子どもが起きるといけないので、子どもを一緒に連れていこう」等と自分の欲求と子どもの安全を両立させる適切な選択を見つけたりしたであろう。しかし、このときばかりはそれがうまく機能できなかった。

Tさんが後で振り返り、どうして自分がそのような行動を取ったのか理解に苦しむと述べ後悔したようであるが、そもそも注意は自分でコントロールしにくいものであるというのがこの事例からよくわかる。

Tさんのケースに限らず、子どもを家や車内に放置して飲みに行ったり、パチンコ等の遊興に耽《ふけ》ったり、異性との性的関係を持ったりするというネグレクトの事案も多数ある。先に述べた8日間、3歳の女児を家に残したまま遠方の彼氏のところに行っていた母親も、車内で2児を放置して飲酒をして回った母親も、注意の優先順位のつけ方に大きな問題があったと言えるかもしれない。

妊娠を隠しわが子をゴミ箱に捨てたUさん

人間なら程度の問題はあるが、嫌なもの、不快なこと、見たくないことに対して注意を向けず、あえてそのことに蓋をして意識を向けようともしない。それは自分の心を守るための一種の防衛機制で、そんなものに近づいたり接したりするとますます情緒がかき乱されると考えるからである。

Uさんは高校3年生であった。最近、食欲が低下し、吐き気もする異状を感じ、薬局で購入してきた妊娠検査薬で調べたところ、妊娠をしていることがわかった。しかし、この事実を交際している彼氏に言うと自分のもとから離れていってしまうのではないかと心配し、自分の中にしまっていた。また、高校生ということもあって、両親に言えば勘当されるに違いないと考えたことから、誰にも妊娠のことを話さなかった。

日が経《た》つにつれ、Uさんの体型も少しふっくらしてきた。しかし、周囲にも気づかれず、Uさんも自分が妊娠していることを考えないようにして、普段通りの生活を続けた。なぜなら、Uさんとしては、お腹の中の赤ちゃんを出産すべきか堕胎すべきかといったことをあれこれ考えるのは苦痛でしかなく、より一層不安が高まってしまうからである。そこで、そのことを一切頭から離れさせ、意識や注意を向けずに過ごした。

結果として臨月を迎え、外出中に陣痛が始まり、駅のトイレに駆け込んでの出産となった。Uさんはへその緒がついた状態のわが子を持っていたコンビニのビニール袋に入れ、ゴミ箱に捨てたのである。

Uさんの事例に類似するものは以前からしばしば見受けられ、妊娠していても胎児に注意を向けなかったり、医療機関で受診をしなかったりする事例などもある。自分の妊娠の事実や胎児に注意を向けることが彼女らにとっては不快や苦痛でしかないため、そこから目をそらし注意を向けない。

しかし、そううまくは行かず、注意をそらしていたことに直面させられると、たちまち大きな危機となりダメージさえも受けてしまう。Uさんの場合も、突然の陣痛によるトイレでの出産という事態となった。冷静に物事を捉えることができず、パニックになっていたために生まれたばかりの子どもをビニール袋に入れ、ゴミ箱に捨てたのであった。

すぐに気がそれてしまうという特性の問題点

注意の問題で一番多く見受けられるのは「注意の転動」で、すぐに注意がそれてしまうことである。今までここに関心を向けていたのに、少し時間が経つと最初の向けていた関心事には見向きもしなくなり、別のことに注意を向けているというものである。幼い子どもの場合や注意欠如多動症がある人の場合はこの特徴が顕著に見受けられる。

このように一定時間、注意を持続させることができないでいると、前に認知していたことと後で認知したことが当然に違ってくるので、そこに連続性がなくなったり、一貫性が生まれなくなったりする。その結果、その場限りの行動に終始してしまい、飽き性、気心が移ろいやすい、気分屋などと周りから見られ、非常にバランスの悪い人間のように受け取られる。

子育ての面でこれらの特徴が出てしまうと、親が子どもと対話や遊びをしていても、親の都合で急に違う対話や遊びになってしまう。そうなると、子どもの方は急に欲求を遮断されたり変えられたりするので、不満足感や意思疎通がしにくい状態に追いやられてしまう。

衰弱死するまで子どもに注意を向けられなかったVさん

Vさんは28歳の男性で、妻との間に生まれた2歳となる男児を育てていた。しかし、Vさんは妻との折り合いが悪くなり、妻は子どもを残したまま家を飛び出した。残されたVさんは、やむなく慣れない育児をせざるをえなくなり、仕事を続けながらも懸命に日々の生活を送っていた。

ところがそれも長くは続かず、Vさんは出勤をしなくなってきて、息子と2人だけで一日を家の中だけで過ごすようにもなった。それでも当初は息子が泣くと近くに来てあやしたり、食べ物を与えたり寝かしつけたりもしたが、そのうちに息子の泣き声も左から右に流れ、存在自体もVさんの視野には入らなくなってきたのであった。

そんなときでも、息子が大きい声で泣いたり、Vさんの目の前にきて何らかの主張をしたりするときは、短時間ではあるが息子に注意が向けられることもあった。しかし、しだいに息子の元気がなくなり泣き声が小さくなり、動きも緩慢になってくると、Vさんはますます息子に注意が行かなくなり、最終的には衰弱によって息子は亡くなる悲劇的な結末となった。

確かに、育児をしているとは言っても、常に子どもに注意を向けているわけにはいかない。親は育児以外にもいっぱいやることがあるので、注意が子ども以外のものに向けられるのはやむをえないことではある。問題はその頻度と程度である。

あまりにも短時間しか子どもに注意が向けられなかったり、その頻度が高くなってきたりすると、子どもとの関係性で大切となる連続性や一貫性が生まれず、将来的にも大きな問題となってくる。さらに、次に述べる「全体ではなく部分的にしか注意が向けられない問題」とも関連してきて、より複雑な認知バイアスとなっていく。

シングルフォーカスには要注意

人はある物事に注意を向けていても、同時にそれ以外の物事にも自然に注意を向けているのが通常である。すでに述べたが、注意などの認知の機能は生命維持をするために欠かせないものとして発達してきたところがある。つまり、一点ばかりに注意が囚われていては、それ以外の方向から自分が襲われることに気がつかず命を落としかねないわけである。

また、そもそも注意には人それぞれ持っている容量があり、多方面にそれが向けられる人とそうでない人がいることも事実である。つまり、容量が定められている注意をどこに、どれほど向けるかが問われており、しかもその容量が個々で違っているということになる。

そんな中で、あまりにも全体に注意を向けることができずに、常に注意のあり方がシングルフォーカスになってしまうとどうだろうか。これは「注意の分配のできなさ」と言い、注意がいくつかの方面に向けられないばかりに、さまざまな盲点が生まれてくるという認知バイアスとなってしまう。

この「注意の分配のできなさ」の具体例では、パチンコに興じ始めると周囲のことには無頓着となり、気がついたときは日が暮れ真っ暗となっていたとか、大金を使い込んでいて、明日からの生活費がなくなったという例がわかりやすい。

通常であるなら、パチンコをしながらも何時間ぐらいしているのかという時間管理やいくらぐらい使い込んでいるのかといった金銭管理をどこかで行っているものである。しかし、もはやそれができずにパチンコ台にしか注意が向けられないという状況に陥ってしまう。パチンコに限らず、しばしば依存症のようなレベルになってくると、全体に注意が向けられず、シングルフォーカスでしか捉えられないために自分を見失ってしまう。

第6章で紹介したPさんがまさに「注意の分配のできなさ」がある事例である。Pさんは二つのことが同時にできず、買い物をしているときによく子どもを迷子にさせてしまう。商品に向かう注意と子どもに向かう注意が同時にできないのだ。この同時処理もある意味では注意の分配ができないことと同じである。

私たちは生きていく上で、さまざまなところに注意を払い、アクシデントや災難から逃れていると言える。しかし、注意の分配ができないばかりに、自動車とぶつかったり、段差を見落として転んだりといった危険に遭遇してしまう。虐待という出来事も例外ではない。そのため、このような認知の特徴を持った人は早くそれに気づき、そうならないための注意の対処法を身につけておく必要がある。

5　自分を客観的な視点から捉えられない

メタ視点で自分を見ることの重要性

最近、よく〝メタ〇〇〟という言葉を耳にすることが多くなった。例えば、〝メタ言語〟とか、〝メタ分析〟〝メタバース〟などがその一例である。また、〝メタの視点〟といったこともしばしば言われる。一体、その〝メタ〟とはどういう意味なのだろうか。

もともとメタというのは「あとに」という意味の古代ギリシャ語の接頭辞であり、それが転じて、「超越した」とか「高次の」という意味となった。そのため、〝メタの視点〟というと、高い次元から見た視点となり、客観的、俯瞰《ふかん》的にものを見つめることといった意味となる。簡単に言えば、〝メタ〟というのは、〝超〟という意味合いだと考えるとよいかもしれない。

さて、さまざまな虐待や不適切な養育となってしまう親の認知の一つに、このメタの視点が欠けていることもある。それゆえに、自分をありのままに捉えることができず、どこか認知バイアスが生まれてしまうのである。以下、それをもう少し詳しく説明していきたい。

ストレスが強い自己愛を招く

まず一つ目として、他の誰よりも自分を過剰に思いすぎ、常に自分の視点でしか考えられず行動することができないといったことが挙げられる。簡単に言えば、認知が他者には向きにくく、自分の方にしか向かないため、結果的には自己愛が強すぎてしまうのである。

確かに、おおよその人は自分のことを愛おしく感じ、自分のことを大切にしたい、あるいはそうありたいと願っている。それは決しておかしいことでも何でもない。しかし、それは程度問題のところがあり、あまりにもそれが強すぎてしまうと、自分以外の他者のことは脳裏になく、常に自分のことばかりを考えてしまうということになる。

よく「自分勝手な人」「ジコチュー（自己中心的）」などと言われるが、まさにそれである。他者とのバランスが悪くなり、何をするにも自分を優先して他者は二の次となってしまうので、相手との歩調が合わなくなってしまうのである。

すでに「子どもを置いて出かけ怪我をさせたTさん」の項目で述べたように、子育てにおいてはどうしても子どもファーストが求められる。しかし、そのような場面でありながら、自己愛的となって自分ファーストとなってしまうと、そこには虐待の影がちらつき始めるのである。

このように自己愛的になってしまう原因には、その人のパーソナリティの面も少なからずあり、自己愛パーソナリティ障害という診断がつく人もいる。そこまで自己愛的にならずとも、ストレスなどが蓄積し葛藤や不満、怒りが高まってしまうと、そんな状況をうまくやれない自分の非を認めたくないために、自己愛的になってしまう人もいる。また、認知バイアスがあるために、自分を客観的に捉えられず、「自分がかわいそう」などと必要以上に自己愛的に受け止めてしまう人もいる。

先ほど登場したTさんも常に自己愛的になっているわけではなかったが、夫の協力が得られない中、ひとりで育児をしなければならないストレスがしだいに大きくなり、その重荷に耐えきれなくなった。そして、「甘いものでも食べて発散したい」と自分にご褒美をあげたいという気持ちが強まり、幼い子どもを置いたまま外出し、事故につながったのであった。

自信のなさは被害者意識につながる

自己愛的認知とともに、しばしば虐待事例の親に見受けられるものとして、被害的認知がある。この被害的認知は、同じ事象が生じても、常に物事を被害的に受け止める傾向があることを指す。

これまでの虐待研究においても、親の被害的認知が取り上げられることがあった。例えば西澤哲は、虐待傾向のある親は、子どもの自立的な行動の出現を、自分を「否定」する行為と受け取りやすい、と指摘している。

また、それ以外にも、わが子がたまたま食事を食べるのを嫌がったとすると、その母親は自分の作った料理を食べないのは、自分の愛情を拒絶している証拠であり、自分を困らせ反抗する行為であると被害的に捉えてしまうこともある。

この被害的認知と関連する概念として、「敵意帰属バイアス」がある。これは自分が何らかの行為をされ、なぜそのような行動をされたのかの意図がわかりにくかったり、手がかりがいろんなふうにも捉えられたりする場面に置かれたときに、行為をした者の意図をことさら悪意に考えてしまう傾向のことを指す。

例えば、街を歩いていたときに向こうから見知らぬ人が自分にぶつかってきたとしよう。その際、ぶつかられた方は「あの人は私が高級なバッグを持っていたからそれを妬んでわざとぶつかってきた」というように認知するかもしれない。

実際のところ、相手は何か考え事をしていたのでよく前を見ていなかったのでぶつかったのかもしれない。あるいは、回避できなかった自分にも問題があったのかもしれない。もちろん、このぶつかられた人が言うように相手は妬みから攻撃性を向けてぶつかってきたことも考えられる。いずれにせよ、そんなあいまいな相手の行動をすべて自分を攻撃してくる、敵意を向けてくると認知してしまうのが敵意帰属バイアスなのである。

先ほどの「自分の作った料理を食べないのは、この子は私を困らせようとしているから」と被害的に受け止める母親はまさにこの敵意帰属バイアスがあると言える。

被害的認知をしてしまう人は自分に対して自信がなく、周囲から自分がよく思われていない、認められていないといった否定的な自己像を持っていることが少なくない。そのため、周りの者や社会がその人にとっては脅威に見えてきて、それゆえに冷静に考えればそんなことは絶対に考えられないという場面でも被害的に受け止めてしまうのである。

「この子は親の私をあざ笑っている」

Wさんは21歳で、1歳の女児を持つ母親であった。このWさんが育った家庭は経済的に厳しい貧困家庭で、学業成績はそれなりにあったものの、学費が払えないことから昼は働きながら夜間の定時制高校に通い、そこを卒業した。その後、夜の飲食店で働いているときに知り合った名前も知らない男性と一夜を共にし、そのときにできたのがこの女児である。

Wさんは堕胎をすることをためらい、自分の手で育てようと懸命に頑張ったが、あるとき女児が泣き止まないので、Wさんは「この子は親の私をあざ笑っている」と、思わず子どもの首を絞めたのであった。幸い、Wさんはすぐに自分で救急車を呼び、子どもの命に別段問題はなかったが、その後に児童相談所から何度も呼び出された。

担当の児童福祉司との面接で明らかになってきたことは、Wさんは幼い頃から周囲の目が気になり、自分のことを馬鹿にしている、陰で私のことを悪く言っているに違いない、と被害的に受け止めることが多かった。そして、父親が誰だかわからない女児を産んでからも、周囲は「育てられもしないのにあんな子を産んで」と私をあざ笑っているように感じたし、わが子も同じように言って泣いていると捉えたのであった。

「嫌なものには蓋をする」態度が最悪の事態に

以上述べてきたように、〝メタ〟という観点から自分を捉えられないために、自分のことを客観視したり、俯瞰的に見ることができず、周囲から見られている自分と自身が捉える自分との間に大きな開きが生まれ、それが過剰な自己愛的な思考や言動となったり、被害的認知となったりしてしまう。

そうなると、その本人は自分や周囲の状況をありのままに捉えているつもりになっていても、それは部分的、一面的なものに過ぎず全体が見えていないという結果となり、かなりズレの大きい認知バイアスを生じさせ、不適応となってしまう。言ってみれば、「自己メタ認知能力の欠如」があるために、さまざまなことが円滑にいかなくなってしまうと理解できる。

それが子育てに及んでは、すでに取り上げたUさんのように、嫌なものには蓋をする「注意の遮断」が顕著となる。妊娠をして体型が変化し始めてもそこに注意を向けようとしなかったり、お腹の中の赤ちゃんの存在には目を向けたりしようとしなかったりすると、Uさんの中には思いやりや共感性が生まれてこない。その結果、臨月になっても出産準備をしないのはもちろんのこと、誰にもこのことを打ち明けずに、突然に駅のトイレで出産することになった。

ビニール袋に入れられて捨てられた赤ちゃんは、Uさんから見ると、血の通ったわが子や人間ではなく、単なる物体、あるいは生ゴミでしかなかったのである。そこにUさんの認知の問題がありありと見受けられるのは理解できるであろう。

6　子どもに向ける認知の歪み

度を越したわが子への期待

認知バイアスの一つとして、自己メタ認知能力が備わっていないと社会では適応が難しくなり、それが子育てにおいても顕著に現れるということはこれまで述べたとおりである。これから取り上げたいことは、自分に対する認知ではなく、まさに子どもそのものへの認知バイアスについてである。

確かに、いろいろな子育ての光景を見ると、親がわが子を主観を交えずに、実に客観的に捉えているというのは少ないかもしれない。「色眼鏡で見る」という言葉があるように、よその子とは区別してわが子を特別扱いしたり、親としての思い入れや大きな期待を寄せたりするのもわからなくもない。ある意味ではそれがなければむしろ子育てはできないし、いわば当然のことかもしれない。

しかし、それがあまりにも度を越してしまうと、そこには不適切なかかわりや養育の問題が発生してしまう。たとえて言うならば、多少の色つきのレンズで見るのはやむをえないことだが、見る対象の姿が変わって映ったり、景色そのものが変わったりするほどの極端な度付きサングラスをかけるとなると、世界が大きく違って見えてしまうのである。

冷血な親の背景──共感性の欠如

まず子どもへの共感性の欠如を挙げたい。この共感性は、親が子どもの立場に立っていろんなことを感じたり考えたりすることができる、子どもの気持ちを理解できる、ということである。これは第5章の「『共感する力』がないと不適切な子育てに向かう」のところでも取り上げたことなので、ここではもはや説明は不要かもしれない。ただ、筆者がこれまでかかわったケースなどを振り返ると、思っていた以上にこの共感性が乏しい親が多い。

一般的に、われわれは子どもが生まれたら自然に子どもへの愛情が湧き出てくる、子どもとかかわっていく中で子どもも親の気持ちを理解していくようになり、互いの関係が親密になっていく、と言われる。

しかし、妊娠や出産はしたものの、先ほどのUさんのように皆目愛情が湧かず、生まれてきた赤ちゃんは物体、しかも生ゴミでしかないという捉え方しかできない人も実際にはいる。そんな親を冷血な人間、残虐な人格の持ち主などと批判するのは簡単であるが、よくよく見ていくと、情の問題というよりもそこに認知のあり方の問題が横たわっていることに意外と気がついていないことがある。

殴ったわが子の顔写真を部屋に貼ったXさん

Xさんは45歳の自営業を営む父親で、妻と10歳の男児、7歳の女児の4人暮らしであった。元来、Xさんは力で相手をねじ伏せ、言うことを聞かせようといった強引なところがあり、夫婦関係でも妻に暴力を振るうなどのDVもこれまで何度かあった。ただ、2人の子どもにはそれなりの愛情をかけ、やや自分本位のやり方ではあったものの、休日は公園や遊園地に連れて行くなどもしていた。そのため、子どもも父親を嫌っていたわけではなく、親密に感じているところも見られた。

ただ、上の男児が小学校の高学年となると、しだいに自己主張が強くなって親の言うことに反発し、親に隠れて陰で自分のしたいことをする行動が出てきた。そのたびに母親とともにXさんは男児を厳しく叱りつけるのであった。

あるとき、Xさんは怒りにまかせて男児の顔面を数発殴って、もう二度と同じことを繰り返さないようにと、殴られて腫れている息子の顔面を写真に撮り、それを見せしめのように部屋に貼った。Xさんは自分が暴力を振るったことを棚に上げ、反省など微塵《みじん》もないことはもとより、殴られてボロボロになったわが子の顔があまりにもおかしいと、時々夫婦でその写真を見て笑いの材料にしていたのであった。

この話を聞いた人はなんて悲惨な状況だと思うに違いない。また、殴られた上に、顔が腫れて変形している写真を常に部屋に貼られ、両親の笑いの材料にされている男児のことを思うと不憫《ふびん》でならないと思うだろう。息子にとってみれば、こんな仕打ちを親からされ、情けないを通り越して地獄にいるような気持ちであったとも想像できる。

ただ、Xさん自身はわが子が同じ失敗をしないようにと親心としてのしつけを行ったままでの認識で、手を上げたことはさすがにやりすぎたと考えてはいるが、それも一時的でしかなかった。それより、その後の写真を貼ったり、それを笑いの材料にしたりしていたことは、皆目悪いと思っていないのであった。Xさんからすると、その息子の顔の写真は普段から家庭内でよく遊びでしている〝変顔〟の一つでしかなかったのである。

このようなことが生じるのは、親がどこに認知を向けるかという問題と密接に関係している。同じ息子の顔写真であったとしても、「殴られたあとの辛そうな顔」と見るのか、「おもしろい変顔」と見るのかでそこが大きく違う。親の注意が子どものどこに向けられているかとともに、そこに子どもへの共感性がどれだけ作用しているかである。そこには息子の辛くて悔しい気持ちをくみ取るといった親の共感性のある・なしが問われる。

教育虐待につながる認知バイアス

子どものどの部分に親の注意を向けるかという点で言えば、子どもの持っている能力に対しての親の認知バイアスが問題になることもしばしばある。実際の子どもの能力と親が認知する子どもの能力の間に開きがあることで、近年、「教育ネグレクト」や「教育虐待」などと叫ばれている事象などが出現してしまう。

この子どもの能力への認知バイアスとして、親が実際以上に子どもの能力が高いと認知し、結果子どもに負担を強いるものがある。

Yさんは27歳で、夫と別れたために現在は5歳になる娘と2人暮らしをしている。Yさんは幼い頃から新体操のクラブに入り、高校や大学のときにはさまざまな大会で賞をもらうなどの成績を収めた経験があった。その後、結婚して自身は新体操から離れて、特にそのことにこだわりも未練もなかったのであるが、娘を出産して状況が変わった。

娘が生後7、8か月になる頃、Yさんが娘のオムツを交換していると、娘は気持ちよかったのか、両脚を大きく伸ばした。それをYさんが見ていて、娘の脚を手で触ったところ、思いのほか脚力があると感じた。後になって振り返って話したところによると、Yさんはこのときに娘の脚力は並大抵のものでないと思い、将来はオリンピック選手にさせようと決意したようである。

それから娘が少し歩き出し、そして走ったり物につかまったりもできるようになってくるとYさんの猛特訓が徐々に加速していった。3歳になって幼稚園に入る頃には公園にある鉄棒で娘に何度も逆上がりをさせたり、鉄棒の上を何度も歩行させたりもした。

訓練が朝早くから始まることもあれば、逆に夜遅くになることもあり、近所の人が何人もそれを目撃していた。そして、娘が5歳になったとき、それを見かねた住人が児童相談所に虐待通告したのであった。

このYさんは他の親と同様、子どもを愛し、期待をかけていたのは間違いない。それが決して悪いわけではなく、「オリンピック選手にさせたい」という思いもそれ自体は外からとやかく言われることでもない。

ただ、どこにボタンの掛け違いが生まれたかというと、娘の能力に対しての親の認知にあまりにもバイアスがかかり、そのことが過剰な訓練となってしまったところである。まだ生後7、8か月という月齢で、果たして将来はオリンピック選手となれるかどうかなどと判断できるのだろうか？　仮にできたとしても、3歳という年齢からこのような訓練が妥当だろうかと考えさせられる。

このYさんの事例と似たものとして、子どもがまだ幼いにもかかわらず、親は「もう何でもできる」と認知し、できもしないことを無理矢理押しつけたりして問題となってしまうこともある。

もっともわかりやすい例として、「ひとりでお留守番ができる」と考え、まだ3歳の子どもを家にひとり残して、長時間不在にするといった事例などは典型である。このようなケースにおいても、親は実際の年齢以上に子どもが発達していると思い込み、無理な課題を押しつけてしまう。

4歳の子をベビーサークルに入れていたZさん

今度はそれとは逆に、実際には能力が子どもにあるにもかかわらず、親の方がそれをあまりにも過小に評価し、それが発達の遅延を引き起こしているものである。

Zさんは50歳の母親で、夫と11歳になる息子の3人で生活している。Zさんは比較的遅く結婚をし、しかも子宝に恵まれずにいたため、不妊治療を経《へ》て、ようやく息子をもうけた。そのためもあってか、いつまで経っても息子を幼児扱いする。

息子が興味関心のあることをしようものなら、「それはまだあなたには早いから大きくなったらやりましょうね」などと言ってやらせない。そんなことがいろいろな場面で多く見られ、小学5年生なのに小学1年生のような感覚でZさんは息子と接していた。

これはその中の一つのエピソードである。息子が4歳頃になり、いろいろなところを探索したい年頃であるにもかかわらず、Zさんは「怪我をしては危ないから」といった理由で、一日のうちの相当な時間をベビーサークルの中に入れていたという。

このケースはもうおわかりのように、子どもの能力よりも大きく下回る認知を親がしているために、やはり適切なかかわりや子育てができないでいる。

いずれにせよ、子どもの能力への認知バイアスがあるために、子どもは健全な発育を阻害されたり、親や周囲の者とのかかわりもできず、身体面だけでなく精神面へのダメージを負ってしまったりするのである。

7　危険を察知できない

認知のあり方が子どもに大きな危機を招く要因の一つに、親が子どもに差し迫っている危機を察知できずにいる「危険察知能力の欠如」と、もう一つはすでに危険な状態に陥っているにもかかわらず、それが慢性化してしまい、危険という認識が麻痺してしまう「認知感覚麻痺」がある。

ベランダのゴミ箱が引き起こした危機——危険察知能力の欠如

αさんは、25歳になる母親である。αさんには4歳になる男児と、まだつたい歩きがやっとできるようになった10か月の女児がいる。αさんの夫は家族思いであるが、仕事のために家にいないことが多く、家族団欒《だんらん》の時間をなかなか持てなかった。αさんはそれに不満を持つわけでもなく、それなりに家事や育児をこなし、家族思いの優しい面もあった。ただ、αさんは物事を整理したり、後片付けをしたりすることが苦手で、部屋中が足の踏み場もないほどに散らかっている。夫はそれを見かねて休日に家の掃除を引き受けるのであるが、すぐに部屋が散乱するという繰り返しが続いていた。

あるとき、αさんの5階の住宅のベランダの柵に上の男児が身を乗り出している姿を近所の人が発見し、すぐに警察に通報された。そのときは事なきを得たが、虐待の通告を受けた児童相談所が家庭訪問をすると、部屋が散乱しているだけではなく、子どもが手にすると危険なハサミが放置されていたり、小さな子どもが口にして飲み込んでしまうと危ない飴や薬の錠剤が床に無造作に置いてあったりしたという。

αさんは、確かに子どもには愛情はあることが話しぶりからわかるが、先の見通しを持って行動することは苦手であり、このまま放置すると将来に危険が及ぶという察知能力は非常に低いところが見られた。

親の重要な役割の一つに、子どもを危険から守り、安心安全な環境を提供することが挙げられる。なぜなら、大人とは違って、子どもは自分で身を守るということが能力的にもしにくいからである。それゆえに親が子どもに代わって身を守ってやらねばならない義務がある。

しかし、このαさんのように、親自身が子どもに迫ってくる危険を予知できなかったり、今はよくても将来はどのような事態を招くことになるかを想像できなかったりすれば、その環境は危険に満ちあふれて不健全だと言わざるをえない。そして、それを改善せずにほったらかしにすることはネグレクトにも当たる。

実は男児がベランダの柵から身を乗り出そうとしていたその場面には、αさんが不用意にベランダに置いていたゴミ箱があり、男児はその上に乗っていたのである。しかし、αさんは警察が来て、ベランダにあるゴミ箱のことを警察官から指摘されるまで、それが子どもの危険に結びつくことになろうとはまったく考えもしなかったのであった。

子どもの衰弱に気づけなかったβさん

もう一つ危険察知能力が乏しい別の事例を紹介する。

βさんは夫との離婚後、2歳の女児を引き取り母子2人で生活をする26歳の母親である。

女児は2歳まで順調に発育をして、体重や身長なども問題はなかった。ところがインフルエンザをこじらせ、脱水状態となったその頃から、摂取する食事の量もかなり減り、体重は増えるどころか減少が続いた。わが子の変貌ぶりは誰の目にも明らかなはずなのに、一番身近にいるβさんは「少し痩せたかなぁ」程度の認識しか持たなかった。

その後も女児の回復の兆《きざ》しがなく、今まであれば大きな声でこちらにSOSを訴えるかのように泣いていたものがだんだん声も小さくなり、βさんに聞こえるか聞こえないかのか細い泣き声となっていた。

通常であれば、子どもの衰弱の様子を親が気づくはずであるのに、βさんは子どもの泣き声が小さくなっていくとますますそれをキャッチすることができなくなり、死という危険がもう身近に迫っているなんて予想もしなかった。

幸い女児が白目をむいてひきつけを起こしている場面を目撃し、βさんは初めて女児の異変に危機感を持ち、119番に連絡して一命を取り留めた。このとき、医師から「なぜここまで放置していたのか」と厳しく言われたという。

このαさんといい、βさんといい、あえて子どもを放置し危険な目に遭わせようなどとは思っていなかったはずである。しかし現実には命にかかわる重大事態の直前にまで至っていたのは、他ならぬ親の危険察知能力の乏しさゆえだと言わざるをえない。

こんな認知になるなんて考えられない、頭で考えたらわかりそうなものだ、と思うかもしれないが、認知というのはそんなことではなかなかうまくいかない。このことは後の第9章で述べるが、認知の訓練を積まねばなかなか改善されず、また自分の認知の不足を補うための子育て技術を手に入れることが重要なのである。

「放置しても大丈夫だろう」——認知感覚麻痺

先の認知の問題は、危険を認知しにくいことから生じてくる問題であったが、これから述べる「認知感覚麻痺」は危険を認知している点で大きく違う。「認知感覚麻痺」は、危険を当初は認知していたけれども、その感覚が時間の経過とともにしだいに麻痺してしまい、危険の認知が低下していくものである。

γさんは交際していた男性との間に男児をもうけたが、その後、男性と別れて母子で生活をする22歳の母親である。年齢の若いγさんは同年代の者が遊びに興じている様子を羨ましく感じたものの、男児を育てなければならない責任もあって、なんとかここまでやってきたのであった。

あるときγさんは高校のときの懐かしい同級生から飲みに行かないかと誘われた。普段のγさんならその誘いを断ったのであるが、6歳になった息子はもうひとりでも昼間はお留守番もできるし、いったん眠りにつくと朝まで起きることはほとんどなかったこともあって、「3時間ぐらい留守にするだけなら」と飲食店でその同級生と酒を飲みながら楽しく過ごした。

ただ、このときのγさんは同級生とおしゃべりしている最中でも「息子は大丈夫かしら」と気がかりで、話半分で聞いているところもあった。そのため3時間で切り上げ、自宅に戻った。案の定、息子はスヤスヤ寝ていたし、γさんは安堵とともに、「大丈夫なんだ」という妙な確信も抱いた。

しばらくして、再度、同級生から飲もうとの誘いが入った。γさんは、前回何の問題もなかったことから、「今回も3時間だけなら大丈夫」と考え、飲みに出かけた。このときの帰宅は3時間を少しオーバーはしたものの、息子の様子にまったく問題がなく、「大丈夫なんだ」との変な確信が上書きされた。

そうしたことが繰り返されるうちに、γさんの中では「留守にしても息子は大丈夫」とγさんの認知ができあがり、γさんの飲みに行く頻度も高くなり、ひどい時は朝方に帰宅することもあった。

結末として、γさんが夜間に不在であった間に息子が目を覚まし、不安のあまりひとりで真夜中に外に出て母親を探し回り、警察に保護されたのであった。

赤信号でも渡る人がいる理由

この事例でわかるように、γさんは最初は幼いわが子を放置して外出することがどれほど危険であるかがわかっていたはずである。それは飲んでいても息子のことが気になって同級生との話を上の空でしていたことからも明らかである。

しかし、帰宅後に何も心配する出来事が起こらなかったことから、自分のしたことはさほど間違ってはいなかったんだとの誤った認知が生まれ、後の大きな問題へと向かわせてしまう。

3時間後に帰宅した際に何も心配する出来事が起こらなくても、それはたまたま起こらなかっただけで、もしかするとその間に地震が起きたり、隣の家が火事になったり、不審者が部屋に入ってきて息子を傷つけたり誘拐をするかもしれない。心配なことは考えれば山ほどあるのに、今回はそれがたまたま起こらなかっただけである。

そう考えると、2回目も3回目もその危険率は同じなのに、その感覚がしだいに麻痺し、あたかも危険はなく大丈夫といった認知に様変わりしてしまったのである。

認知というのは、このように誤った認知をしているにもかかわらず、それがさまざまな状況が加わることで正しいとの誤学習をしてしまう。これを心理学では「ヒューリスティック」と呼んでいる。ヒューリスティックは必ずしも正しい答えではないものの、経験や先入観によって言わば直感的に、ある程度正解に近い答えを得ることができる思考法である。具体的な例を挙げると、赤信号であるのに平気で横断歩道を渡ってしまうのがこれである。

最初にその横断歩道を渡る際、信号を守らねばとの考えもあって赤信号では必ず止まっていたが、あるときに赤信号なのに無理矢理に渡ったとする。しかし、自動車にぶつかることはもとより怪我もなく注意もされなかったため、「赤信号でも大丈夫なんだ」と誤学習をしてしまうのである。その後も信号を無視して横断しても大丈夫という思考が働き、誤った行動をその人にさせてしまう。

そのようにさせる背景には、これまで述べてきた認知バイアスが大いに絡んでおり、赤信号で横断することが本当に危険でないと言えるだろうかと冷静に考える視点や、赤信号で横断することで大事故に遭うことがあるという認識が欠けてしまう。

定型発達の人も要注意

この章では、親の認知バイアスが子育てに影響を与え、不適切な養育を招くことを取り上げた。そのような認知の問題を持った人の中には、発達障害がある人も少なからずいるが、定型発達の人にも散見されることであり、子育てのあり方を考えていく上では重要な視点と言える。

そして、認知、特に注意のあり方は、思考や感情とは違って、周囲や本人にもなかなか捉えどころがないため、自分はわが子を大切に育てているとの意識はあっても、そこに大きな落とし穴が隠れていることがある。つまり、親の認知に焦点を当てないと、虐待の理解や効果的な介入ができないと言っても過言ではない。

誤った注意の優先順位、注意の遮断、注意の持続のなさ、注意の分散のなさといった注意のあり方の問題のほか、自己愛的認知や被害的認知といったメタ認知能力の欠如も見逃せない問題である。

そのような認知バイアスがあるゆえに、子どもへの共感性が欠落し、子どもそのものを歪んだ認知で捉えてしまう。その結果、危険察知能力の欠如や認知感覚麻痺が生まれ、危険であってもそれを察知できず、重大な事態を招いてしまうことさえあると言える。

第8章　子育てをやり抜くための「多様性」

1　発達のスピードには「多様性」がある

子育てということを考える際に密接に関係するのが、子どもの発達である。しかし、その子どもの発達ということはどういうことだろうかと改めて考えてみたい。

生後10か月頃までにハイハイができ、生後12か月頃までにつかまり立ち、その後に初歩ができるようになる。言語面では誰かと話すような感じで「マーマー」「ブーブー」というような喃語《なんご》が生後7か月頃から出現し、1歳前後から一語文、そして2歳前後になると二語文が言えるようになる。

これは子どもが大きくなっていく大まかな指標であるが、今の〝発達〟という考え方は「○歳で△△ができる」という捉え方はしなくなった。以前と違い、近年の発達の捉え方はそれぞれの子どもたちが自らの中に可能性として宿しているものを開花させていく主体的過程であると考え、自分の中にある能力をなんとかやりくりさせながらそれを開花させていくことなのである。

そのため、仮に○歳で△△ができなくても、それは発達していないということではない。

その子なりの伸びに着目し、これまでできていないことができるようになったというのは、とても重要な発達である。障害のある人とて同じことであり、発達のスピードを他者と比較するのではなく、あくまでもその人個人の成長を見ていくことが重要なのである。

しかも、その発達するプロセスは実にさまざまである。「うちの息子は1歳になっても一言も言葉を発しない」と心配された母親がいたとしても、その子は2歳頃から急に言葉を習得し、「今ではうるさいぐらいに家の中で話をしている」と言われることもある。このように、発達のペースはもとより、発達のプロセスも人によって異なるところもあり、教科書通りにいくことが何も発達ということではないと知っておきたい。

筆者はこのように、子どもの発達には〝多様性〟があると考えており、それを親や大人は尊重することが大切である。また、そうすることで子どもの内にある能力を発揮させ、よりよい成長を促進させるのだと言える。

2　子育ては百人百様

マニュアル外の子育て法もたくさんある

子どもの内に宿る発達の可能性やそれが個々の子どもによって出現する時期やスピード、プロセスが違うという多様性があることを述べたが、親側にも子育ての多様性があることを指摘しておかねばならない。

親もそれぞれの育ちやかかわりの中で身につけた個性や能力を発揮しながら、子育てをしていく。数え切れないほどの育児書にはさまざまな子育ての方法が書かれてあるが、その通りにしなければいけないというわけではない。つまり、子育てに正解があるわけではない。マニュアルに書かれていない子育ても数限りなく存在し、百人百様の子育てがあっていい。

大事なことは、そこで子どもが尊重され、育ちが保障されていることがもっとも望ましい子育てであり、それさえできていれば立派な子育てと言ってもいいのかもしれない。筆者がいうところの子育ての「多様性」とは、そのような子どものさまざまな発達のあり方を認め、いろいろな育みの方法を保障することである。

レトルト料理にも愛情は現れる

30歳のδさんは夫と共働きで、2歳になる子どもがいる。夫は営業職で帰宅が遅くなることが多いが、δさんも職場から能力を見込まれ、中堅管理職として活躍している。δさんには日常の時間的余裕がない上、昔から家事をこなすのが苦手で、中でも料理は非常に苦手であった。それでも子どものためにと仕事から帰宅後、手料理を食べさせるために懸命に台所に立つものの、料理ができた時には子どもはすでに寝てしまっていることも少なくなかった。

そんなδさんは夫と相談し、普段はレトルトの料理でおおよそ済ませ、可能な場合は休日に1、2品の手料理を作って食卓に出すか、冷凍にして平日に回すことを考えた。δさんは子どもを出産したら、愛情あふれる母親の手料理を子どもに食べさせるのが夢であったが、それをがむしゃらにしようとすると自分を窮地に追い込むだけではなく、子どもにもよくないとの考えに至った。その結果、先に述べたやり方が生まれたのである。

母親の手料理は子どもへの愛情かもしれないが、必ずしもそれだけではない。δさんのように、子どもや家族のために必死で働き、なおかつ日常では家事や子育てをやりくりしている。そのこと自体がまさに母親の愛情である。

食事の提供のあり方をとっても、子どもの栄養のバランスが偏ったり、食べさせないで空腹状態にさせたりするとしたら問題であるが、そうでなければいろいろなやり方があっていい。筆者はそこに子育ての〝多様性〟を見るのである。

3 「多様性」こそが窮屈な子育てを解放する

子育てに求められる五つの柱

これまで子育てにおいて欠かせない重要な支柱を取り上げ解説してきた。要約すれば、第4章では「社会性」、第5章では「共感性」、第6章では「柔軟性」、第7章では「適切な認知」で、それに加えて本章で取り上げる「多様性」が五つ目の支柱となる（図8－1参照）。

その中で、発達障害のある親の場合、それらの重要な子育てのさまざまな支柱ではあるものの、障害の特性があるためにうまく機能しなかったり、抜け落ちていたりしていることもある。その上、いずれの支柱も相互に影響し合い、結果的には互いにがんじがらめにされてしまい、ますますその機能が果たせなくなってしまうことだってある。

例えば、赤ん坊が少し体調を崩し、数日ミルクを飲む量が少なかったとしよう。親にしてみれば、なぜミルクをしっかり飲んでくれないのかわからず、この子は一体どうなるのかと一種の危機場面となってしまいやすい。

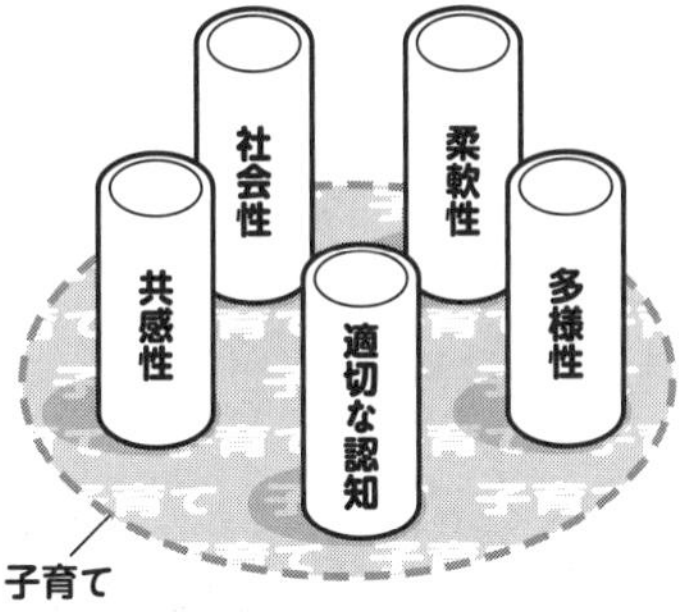

図8－1　子育てに求められる五つの支柱

しかし、考えてみれば、赤ん坊だって食欲のあるときとないときぐらいあり、そんな常識的な考えに当てはめれば大騒ぎをすることでもなく、少なくとも発熱等がなければしばらく様子を見ておけばよいことである。あるいは、子どもの顔色や泣き方がいつもと同じかどうかを判断し、ひとまず元気で機嫌がよいかどうかを確認するのも適切な対処方法である。

子育てはそういった「社会性」や「共感性」「適切な認知」を活《い》かしながら危機場面を回避して乗り越えていくものである。

しかし、発達障害があるためにそれがうまくできないばかりに大きな不安が渦巻き、時にはパニックになる。あるいは、その不安にさらされないようにとマニュアルに書かれたことを厳格に貫こうとして「柔軟性」をなくしてしまう。

そうなると、毎日決まった時間に無理矢理にでもミルクを赤ん坊に飲ませようと躍起になり、泣かせてでもわが子にミルクを強引に与えてしまう。要するに、「社会性」「共感性」「柔軟性」「適切な認知」という支柱同士が互いに足の引っ張り合いのような形になってしまうわけである。

がんじがらめの状態を解放するもの

ところが上記のがんじがらめとなった四つの支柱の鎖を解放してくれるのが、五つ目の「多様性」の支柱である（図8－2参照）。

子育てにはいろんな方法があり、中でも多様性を持つことが何より重要である。そう考えると、発達障害のある親も仮に定型発達の親のような子育てが十分にしにくくとも、そ

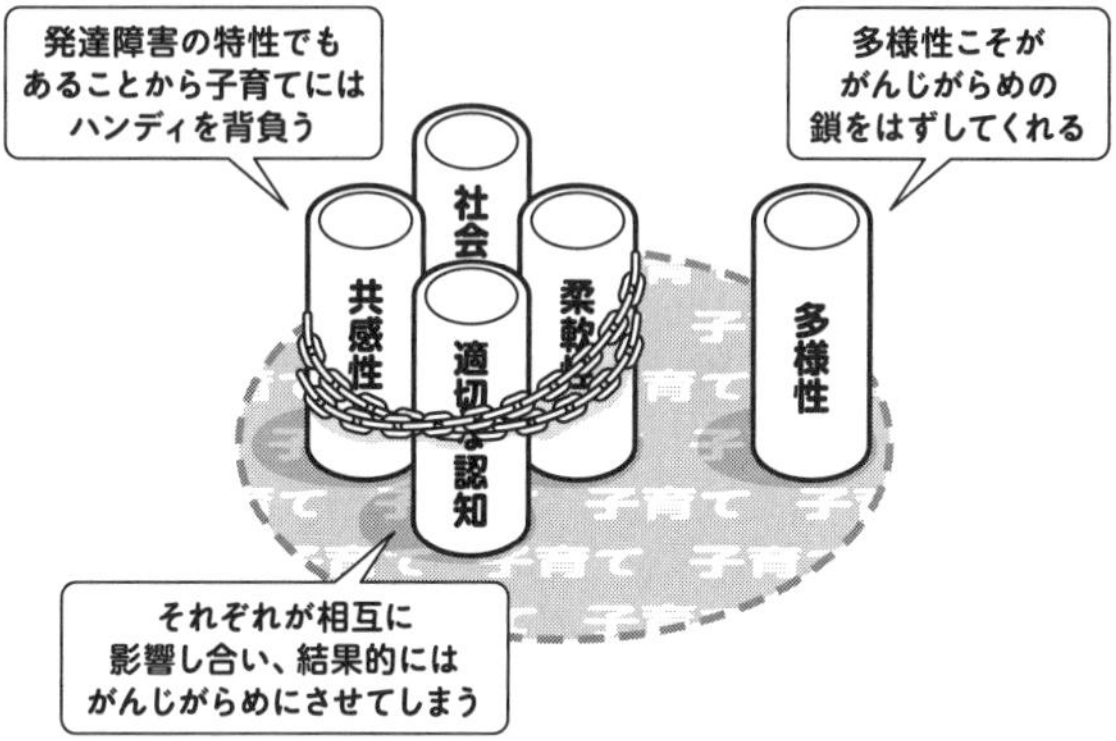

図８−２　がんじがらめの四つの支柱を解放する多様性の支柱

の人なりに持っている能力を存分に発揮しつつ、子どもを成長させることが十分できる。

　言い換えると、その人自身に合った子育てができるようになることこそが最強の子育てであり、決して育児書どおりにいかなくても構わないのである。

　子育てを支援する側においても、この「多様性」に着目し、その親に見合った子育てを提案し、サポートすることが大切である。そのためにはその親の能力面をよくつかみ、どこがその人の強みでどこが弱みであるかをしっかり見極めていくことが大切である。さらに言えば、支援する家族や専門家の側もその多様性を認め、いろいろな子育ての方法や技術があることを認めなければならないのは言うまでもない。

4　泣き止ませ、寝かしつける技術

抱っこするだけではダメ

ここで子育ての技術の一つとして、赤ちゃんを泣き止ませ、寝かしつけることを取り上げてみたい。

親にとって、わが子が泣き出すとうまく泣き止ませられないことは誰しも経験していることではなかろうか。そんなときに限って、やることがいっぱいあったり、あるいは電車などの公共交通機関で人が大勢いる場だったりすると親はとても困惑する。

すでに述べたが、子どもがどうしても泣き止まないと、「私を困らせるためにわざと泣いているのではないか」と子どもへの認知バイアスが生じたり、子どもへのいらついた攻撃感情さえもこみ上げてきたりするかもしれない。子どもを泣き止ませ、うまく寝かしつけられるようになることは親としてのとても重要な子育て技術だと言ってもいいかもしれない。

脳科学者で、子育てや親子関係を研究している黒田公美によると、泣いている赤ちゃんを泣き止ませるのは、親が抱っこするだけではダメだと指摘している。哺乳動物のライオンでもネコでもネズミでも同じであるが、親は泣いている赤ちゃんの首の皮膚を軽く嚙んで、少し動き回るというのである。これを「輸送反応」というようであるが、そうすることで赤ちゃんは泣き止む。

人間の場合も同じで、泣いている赤ちゃんを抱っこするだけではなく、抱っこをして少し動き回ることが必要なのである。そうすることによって、赤ちゃんの心拍数は下がっていき、結果的には泣き止むそうである。

このことは実際に子どもを育てた人であれば、経験知として身につけていることかもしれない。しかし、子育てをしたことがない人や初めて子どもを持った父親や母親からすると、「そうだったんだ」と驚くに違いない。こんなことは自分の親からも教えてもらったことがないし、育児書にもそこまで書かれていないので、「もっと早く知っておきたかった」と感想を言う人も少なくないのではないだろうか。

その後、赤ちゃんがようやく泣くのを止め、少し落ち着いてくるとウトウトとし始める。親としては、「あぁ、よかった。これでおとなしく寝てくれる」と思って、ベッドに静かに赤ちゃんを置く。その瞬間、赤ちゃんは先ほどと同じ大きな声でまた泣き出す。きっとこれも親ならどこかで経験しているはずである。

筆者自身も同じような経験があり、わが子が眠りについたのでやれやれと音を立てないようにソッと離れた途端、子どもが泣き出す。そんなとき、「また一からやり直しか!」と絶望感さえ覚えることがあった。これが何度も繰り返されると、疲労もストレスもどんどん蓄積していく。

しかし、先述した黒田は寝かしつける際に気をつけることは、赤ちゃんの胸との間に空間を空けないことがコツと指摘する。つまり、赤ちゃんの胸と親自身の体の一部、あるいは胸と何かが物理的にひっついた状態を維持しながらベッドに寝かしつけ、数分経ってから赤ちゃんの胸からそっと離してやるのがよいとのことである。

以前の子育てなら、祖父母なども同居している大家族の中で子どもを養育していた。そのため、赤ちゃんが泣いたら、誰かの抱きかかえる手があった。しかも、その抱きかかえ、泣き止ませる姿を他の家族は見ており、それを知らぬ間に学習して育つのである。

寝かしつける際の子守歌だって同じで、その家ならではの子守歌が歌われ、それが代々伝承されてきた。こんな光景が一昔前まであったが、現代の子育てではそれはもはや消えてしまっている。

あえて子のそばを離れる重要性

現代は核家族での親と子どもだけの子育てとなり、赤ちゃんが泣き止まなくても誰も手助けしてくれる人がいない。そして、子守歌も歌わず、ネット動画を代用とすることも多い。それもうまくいかない場合は、静かな部屋で長時間赤ちゃんの泣き声だけが響き渡っているという状況に親は身を置かねばならなくなる。

厚生労働省のＹｏｕＴｕｂｅ動画「赤ちゃんが泣き止まない〜泣きへの対処と理解のために〜」は誰でも見られ、赤ちゃんが泣き止まない際の対処法がいくつか挙げられている。

その一つとして、赤ちゃんが泣き止まないピークは生後1〜2か月の頃にあり、その頃は一日5時間以上も泣くこともあるが、生後5か月頃になるとピークが下がってくることを知っておくこと、と最初に解説されている。

そして、泣いた際には、子どもが欲していると思われること（例えば、ミルクを与える、オムツを替える、抱っこをする等）をしてみたり、母胎の中にいるような感覚を再現させるために、おくるみでくるんだり、「シー」という音を聞かせたり、ビニールの音、掃除機の音などを聞かせることも方法の一つとして挙げている。それでも泣き止まない場合は、ベビーベッド等の安全なところに赤ちゃんを置き、親が赤ちゃんから離れ、メールをしたり、雑誌を読んだり、音楽を聴くなどし、少しして赤ちゃんの様子を見に行く、といった対処法を提案している。

そこには、親の責任としてこうしなさい、親が赤ちゃんに愛情をかけることを忘れないようにといったことは一切語られず、逆に赤ちゃんの泣きにイライラするようであれば、その場を離れることが大事であると提案している。

なぜなら、親が赤ちゃんの泣きでイライラし、揺さぶってしまって重大な被害を与えるという乳幼児揺さぶられ症候群を予防するために、このようなことが重要だと指摘するのである。

この動画にある対処法は上述した赤ちゃんが泣いたときの輸送反応と同様、とても重要な子育て技術である。そして、そこにはエビデンスに基づいた方法や子どもが危険に晒されないための養育のあり方が取り上げられている。

5　自閉スペクトラム症の特性がある親の子育ての技術

愛情表現がわからなかった父親

子育てについての漫画で、逢坂みえこの『プロチチ』（講談社）をご存じだろうか。この主人公の男性はアスペルガー症候群（これまで取り上げてきた自閉スペクトラム症のことである）の特性があり、その人が子どもを持ち、父親として子育てに奮闘するストーリーとなっている。

主人公の父親は定型発達である妻と結婚し、その間に男児が生まれた。共働きでやってきたものの、彼は発達障害もあって、勤務先の会社でうまくいかず仕事を辞めて家にいることになったのである。そんなことから、家にいる彼が日中は赤ん坊のわが子を養育するという筋書きとなっている。

読んでみるとわかるように、彼は発達障害というハンディキャップがありながらも実に素晴らしい子育てを展開していく。ただし、それは決して父親の愛情の満ちあふれた養育とか親子の情の通った光景というわけではない。なぜなら、彼にはアスペルガー症候群という発達障害の特性があるために、子どもへの愛情とか、情が通うといったことがどういうことなのか今ひとつ理解できないからである。

予定通りの日課がこなせないことへの不安

このアスペルガー症候群の特性の一つに想像力の欠如があることは本書の第3章で取り上げた。先の見通しが持ちにくい特性がこの主人公にもあり、子育てにおいても、「12：00　ミルク　おむつ　13：00　散歩　買い物　15：00　ミルク　おむつ」と日課を立て、それを厳格に守ろうとする。なぜなら、急なことが起きてしまうと臨機応変に対応できないばかりか、見通しが持てないゆえに困惑も大きくなってしまうからである。

ところが、息子が昼寝をしていて起きず、予定通りの日課がこなせずに困るシーンが出てくる。彼は「ミルクをとばして散歩に行って　本当にいいのか？」と真剣に悩む。彼が言うには、「予定通りの行動をとるから予定通りの結果が出るのに　その予定を狂わせたら　結果がどうなるかわからない　僕にはそれがひどくひどく不安だ」（傍点は筆者）とのことである。

一般的に言えば、そこまでしなくても、寝ている子どもが起きたときにミルクをあげたりオムツを替えればいいじゃないかと単純に思ってしまうが、特性があるのでそうまくはいかない。

このシーンでわかるように、これまで筆者が多くの事例を挙げてきた中にも、この主人公と似たようなものがあった。第5章で出てきた「3時間ごとの授乳を徹底し、決まった分量だけ食べさせなければ気が済まず、赤ちゃんの口に無理矢理スプーンで食べ物を入れて、口内を怪我させた」Mさんもまさにこれと同じである。また、第6章で出てきた「2歳まで母乳で育てると言って誰の助言も聞き入れなかった」Nさんの事例も同様である。そこには、この主人公が述べている「僕にはそれがひどくひどく不安だ」という心情があるのである。

そして、その不安の背景にはこれも主人公が言うように、「予定通りの行動をとるから予定通りの結果が出るのに　その予定を狂わせたら　結果がどうなるかわからない」という先の見通せなさがある。

そのように考えると、先の事例の親に対する「3時間ごとの授乳でなくても、赤ちゃんが起きたときに授乳をすればいい」や「子どもが食べたいときに食べるから、決まった一定の量を食べなくてもいい」（Mさんの事例）、「母乳が出ないのならミルクに替えましょう」（Nさんの事例）という一般的な助言が、果たしてこんな人に効果があるだろうかと思ってしまう。

それよりも、このような発達障害がある親に対して、主人公が抱えているような大きな不安をしっかり理解した上で、周囲の人や支援者は、いかに具体的にアドバイスをするかが問われるのではないだろうか。

愛や共感が抱けなくとも子育てはできる

『プロチチ』では、子どもを泣き止ませる場面もある。主人公と妻との夫婦で泣いている子どもを揺らしてなだめるシーンである。主人公は妻の揺らし方について、「速すぎる」と指摘し、「1分間に24往復」のスピードがもっとも息子の好きな揺れで、それを丸一日実験して見出《みいだ》したのだと主張する。

考えてみると、わが子を泣き止ませるのにその揺れのスピードをわざわざ測る親などいないだろう。通常なら、わが子の一番気持ちのいい揺れのあり方をなんとなく自然に見つけていくものである。しかし、この主人公は息子の立場に立ったり、息子の気持ちを読み取ったりすることができないので、こうして実験でそれを見出すのであった。

もう一つ挙げると、雨の中を息子を抱きかかえながら主人公が傘を差して行くシーンがある。そのとき、彼は息子を雨に濡らさないようにして歩いて行くが、その理由を『愛』のためではないと思う　物理的に息子の方が小さいからだ　息子は体積も小さく体力もなく　雨に濡れた場合体温を奪われ病気になる確率が僕より高い」からと言うのである。ここでも考えられるのは、そんな理屈よりも、「雨に濡れたら息子がかわいそう」とか、「雨に濡れたら息子が気持ち悪がるから」と言ってもよさそうなものである。

図8－3　『プロチチ』より　アスペルガー症候群の特性がある主人公のセリフ（©逢坂みえこ／講談社）

しかし、主人公は相手の気持ちに立てないことから、こうした理由で雨に濡らさないのだと思考するのである。愛とか実体のつかめないものを理解することが苦手な、発達障害の特性のある彼らしい科学的で根拠のある合理的な理由である。

そうした主人公を見て、

冷たく情が通わないように一見感じられるかもしれないが、筆者は主人公がしている子育ては立派な子育てだと考える。主人公が自分のことを「『愛』はコントロールできないけど『世話』は努力でなんとかなる」(図8－3参照)と言っているように、必死で息子の世話をするこの姿は、筆者からすると、ほかならない愛情である。

技術さえあれば十分にやっていける

筆者が『プロチチ』から学んだことは、決して子育てには愛情だけがすべてではないということである。もちろん愛情を感じ、慈愛の心を持って子育てができればそれに越したことはない。

しかし、発達障害という特性を持っていたり、あるいは何らかの事情があって、それがかなわなかったりする親も現実には存在する。そんな人は子どもの気持ちを読み取りづらかったり、子どもに配慮した行動ができなかったりすることもあるかもしれないが、子育ての技術さえあれば十分にやっていける。

逆に、家族や周囲の者、支援をする専門家の「愛情を持って子どもとかかわってください」「子どもの気持ちになって動いてください」という助言は彼らを追い詰め苦しめることになってしまう。

そんな愛情論や責任論を振りかざすのではなく、『プロチチ』の主人公が言うように、世話をすることをいかに身につけるかが何より優先されることではなかろうか。言い換えると、多様性を持った子育ての技術をいかに提供していくのかが親を支える重要な役割であると考えるのである。

第9章　「科学的な子育て」が親を救う

1 「子の顔が鬼のよう」親を逆境に向かわせる子育て事情

子育ては誰でも大なり小なりの苦労がつきまとうのが当たり前である。そこにはもちろん親の献身的な犠牲が伴うことがある。しかし、子どもが成長している姿を目の当たりにすると、これまで苦労があっても今や楽しみや喜びに変わっていくものである。そして、後で振り返れば、親自身も子どもと一緒に成長していくプロセスがあったと実感する。

しかし、現代はそれだけでは子育てをなかなか乗り越えていけない。子どものために自分を犠牲にはできない親や、子育てが楽しみや喜びとは結びつかず、苦痛以外の何ものでもないと感じる親もいる。つまり、そういう親にとって、子育ては自分を逆境に追いやるものでしかないのである。

筆者がかかわった母親のεさんは面接でこんなことを言った。εさんにはかわいい盛りの小学1年生の息子がいたが、息子の度重なるトラブルに疲れ果てていた。そして、εさんは筆者に、「誰に聞いても子どもの寝顔はかわいいと言うけれども、私は寝ているときもこの子の顔が鬼のように見える」と訴えるのであった。

確かに、息子には注意欠如多動症があり、起きている間中じっとしておらず激しく動き回る。εさんはその子の引き起こすトラブルで四六時中翻弄され、これまでずっと悩まされてきた。そして、ようやくわが子が寝静まったと思ってホッとし、わが子の寝顔をのぞき込んだはいいが、その顔が鬼のように見えたというのである。

εさんにとっては、今の置かれている子育ての状況が過酷な試練にしか感じ取れず、まさに逆境の渦の中に飲み込まれている母親の不安や怒りの心境を示すエピソードであった。

では、なぜ現代では子育てが逆境となってしまうのか、逆境を乗り越えていくためには親はどのようなことをしなければならないのだろうか。そして、彼らを支える周囲の者や支援者はどんなことを心掛けていけばよいのかについてもこの章では考えてみたい。

2 以前の子育てと現代の子育ての違い

情愛ありきの子育ては時代遅れ

まず以前の子育てと比べて現代の子育てはどこに違いがあると思われるだろうか。以前の子育ては「自然になされるもの」という感じが強かったが、現代の子育ては「科学的になされるもの」と変わってきた。

子どもの妊娠・出産一つとっても、以前なら「天からの授かりもの」として子どもの存在を受け止めていたが、今や不妊治療での高度な人工授精の技術、出生前診断などにおける染色体異常など、生まれる前からさまざまな科学的な情報が飛び交い、そのような経過の中で手にした生産物が子どもである、と言ってもいいぐらいになってきた。当然、そこには現代ならではの子ども観や養育観があることも確かである。

また、以前の子育てなら、そのノウハウが親から子に、子から孫にと引き継がれた。その家庭ならではの子育てのありよう、その地域に合わせた子育てがあった。しかし、もはやそれがインターネットからの情報、生成ＡＩによる助言に置き換えられた。インターネット等で検索すると、おっぱいのあげ方からオムツの替え方、離乳食の作り方まであらゆることが載っている。中には根拠のないあやふやな情報もないとは言えないが、多くは科学的、実用的ですぐに活用できるものばかりである。

もう一つ以前と現代の子育ての違いを挙げるとするならば、現代は関係性の希薄《きはく》さの中での子育てであると言ってもいいかもしれない。この関係性の希薄さは決して子育てだけに限らず、犯罪や虐待の態様の変化などあらゆることにも共通して言える。

では、関係性の希薄さの中での子育てはどういうものかと言うと、周囲からの援助や支えがなく、親が孤立した状況で子育てを強いられることに見て取れる。また、親自身もわが子との関係性がうまく築けなかったり、互いに思っていることが通じ合わず、疎通性が悪くなったりして、ますます深刻な状態へと進んでしまうこともある。

以前の子育てなら、親は自分の父母や祖父母の世代にまで関係性が密にあり、大勢の見守りの中で、子どもはもとより親自身も支えられてきた。そこに流れる情愛を重視し、「子育てには愛情が何より大切である」「子どもを愛しく思えない親などいない」といった観念が子育てには何より重要と考えられてきた。逆に子どもを愛せない親は親として失格であるとも見られてきたとも言える。

しかし、今やいろいろな価値観を認め合い、多様な子育てもありうるという考えにずいぶんと変化してきたため、以前の情愛一本の子育ては影を潜めてきていると言える。

そんなことを考えると、筆者は子どもを愛せない親であってもしっかり子育てができることを、本書を通じて一貫して主張してきた。つまり、子育てには責任論や愛情論を押しつけるだけではない、子育ての技術を身につけていくことが大切なのだと言いたい。

特に、発達障害のある親の中には、子どもの身になって考えることができなかったり、自分なりの子育てにこだわったりして、柔軟に子どもや事態に対処できず、さまざまなトラブルを引き起こしやすくなる人もいる。しかし、そんな場合であっても、子育ての技術さえ持ち合わせていれば、十分に子育てはできる。また、その親を取り巻く者や支援者がその技術を親に適切に提供していくことが円滑な子育てには必要だと言える。

「自分はできる」という感覚を身につける

さて、ストレスの高い逆境でありながらもそこを乗り越えていける力のことを心理学においては〝レジリエンス（resilience）〟と言っている。レジリエンスとはそもそも「弾力性」とか「反発力」という意味での物理用語であるが、要するにある物体に加わったストレスに抗して元の形状や状態に戻ろうとする力のことなのである。

このレジリエンスにおいて、重要な要素は、「I have」「I am」「I can」の三つだと主張するグロットバーグの研究がある。「I have」は外的サポート（External Supports）、「I am」は個人の内的強さ（Inner Supports）、「I can」は対人関係力、問題解決力（Interpersonal and Problem-Solving Skills）である。

それらを子育てという逆境に当てはめると、親は自分ひとりだけで子育てをするのではなく、いかにパートナーや家族、仲間との信頼関係を築き、外からの支援を受け入れていくか（I have）が大切であり、逆境にいる自分自身をしっかりと見つめ、その中で持ちこたえている自分や頑張っている自分を発見し（I am）、子育てをやれる力が湧いてくる（I can）のが子育てにおけるレジリエンスだと言えるかもしれない。いずれの三つの要素も子育てには欠かせないものかもしれないが、「I have」も「I am」も手に入れにくい親にとって、何より重要なのは「I can」ではないだろうか。

つまり、なかなか他者とつながりが持てなかったり、頼りたくても頼れる存在がいなかったり、うまく頼れなかったりする状況で、「I have」は望ましいけれども現実的な支援にまでは届かない。それよりも、子育てのノウハウをまず身につけることであり、子育てをしていく〝技術（Skills）〟を持つことが何より優先させるべきことなのである。

具体的な例を挙げてみよう。わが子との情は最初からは通わない。まずはミルクを提供したり、オムツを替えたり、抱っこをしてあやしたりしてみる。最初は上手にできなくても、そこでのコツや技術がついてくれば、できる（I can）という実感が出てくるかもしれない。その技術を高めていくことで、自己肯定感が大きくなり（I am）、子どもへの情緒もその後にわき起こるかもしれない。したがって、まずはやってみてが優先され、それがだんだんうまくできていくほど、そこに情が流れると考えてみるのである。

3　子育ては愛情ではなく技術である

ノウハウこそが逆境を越える手段となる

このように考えると、逆境に立たされた子育てで重視されるべきものは何より技術であると言える。

子育てが技術であると言ってしまうと、人が機械工作のように作られていくように感じ、どこか味気ないと思う人もいるかもしれない。おそらくそのような人たちは、子育ては親が子に愛情を注ぎ、苦の中にも喜びや楽しみを見出すものだという養育観を基本に持っているのであろう。それゆえに、親子の関係に情緒面を重視せずに技術面を強調するのはいささか飛躍しすぎた子育て論ではないかと批判したくなるかもしれない。

しかし、これまでにも述べてきたように、近年多くの親が子どもに情がわかないと嘆き、子育ては自己犠牲を強いられるばかりでそこに喜びが見出せないと思っている人も少なくない。さらに言えば、その延長として、子どもを敵対視して虐待を加えたり、自分の視界から子どもを排除したりするなどのネグレクトに発展させたりしてしまうことだって生じている。もはやわれわれはそのような現実から目を背けられなくなっている。

そうであるからこそ、逆境に陥っている子育てを救える手立ては〝技術〟しかないと考えるのである。逆に、「子どもをかわいがりなさい」「子どもに愛情をかけてあげなさい」と言うことが、逆境に立っている親自身には弊害となり、混乱させるだけに終わる。

ここで強調したい点は、困っている子育てをなんとか切り開いていくやり方（ノウハウ）を一つひとつ教えてもらい、それを身につけていくことが逆境を乗り越えられる手立てとなり、そこから将来への展望につながっていくということである。

そこで、子育ての技術を親がいかに手に入れ身につけていくのかが重要となる。また、周囲の者や支援者がそれらの親を支援するコツについてもワンポイント・アドバイスとして記載したので、重ね合わせて読んでみてほしい。

技術とは工夫やコツのこと

親は子どもを愛すのは当たり前で、責任を持って子育てをしなければならないというのは当然かもしれない。ただ、それができる人にとっては、何をいまさらと思うかもしれないが、現実にはこの当たり前がうまくできず、大きな苦悩を抱える人も大勢いる。

例えば、育児の経験の浅い親が育児書やインターネットの情報のように子育てができず、自分には育児をする能力が欠けているのではないかと悩む。そして、身体的にも精神的にも一杯一杯となって、子どもに注意を向けるのが怖くて関心をあえてそらす人だっている。

子育てには必ず愛情が必要だろうか。もちろん愛情を感じられればそれに越したことはない。しかし、先にも述べたように、そうしようと思ってもそうならない人にはその愛情が逆に大きな抵抗となってのしかかることだってある。そこで、愛情どうのこうのと言うより先に、子どもの日々の生活を成り立たせることを何より先決させるという思考が必要なのである。このために、筆者は〝子育ての技術〟の重要性を強調する。

何度も言うようであるが、技術と聞くと、殺風景で温かみがなく、非人間的で機械的でどこか小手先のものといったイメージが強いがそうではない。ここで言うところの技術とは、その人が持っている能力を最大限に発揮し、やれるところから手をつけ、できるところを増やしていき、子育てを乗り越えていく工夫やコツのことである。

しばしば若い親がこんなことを周囲から言われて傷ついたという話がある。決して上手とは言えなくても、自分なりに頑張って子育てをしているのにもかかわらず、「あんな養育のやり方をして！」「子どものことを考えない自分勝手な子育てだ！」と陰口を叩かれたとのことらしい。その親は自分が情けなく、惨めな思いさえ抱き、今すぐにでも子育てを投げ出したい気分になったと語った。

考えてみれば、最初から上手に子育てをする人なんかほとんどいない。ましてや周囲に手助けをしてくれる人がいなければ、子育ては試行錯誤の連続であり、時には人から見て望ましくないことだってあるに違いない。

そんなときこそ、筆者が言う「子育ては技術である」を思い出してほしい。愛情というと抽象的で捉えどころがないけれども、技術であると考えるならば、オムツの替え方、授乳の仕方などのように具体的であり、その方法さえ習得すれば子育てはなんとかやっていける。

周囲の者や支援者へのワンポイント・アドバイス

周囲の者や支援者はまずその親の子育てをありのままに受け止めることから始めたい。仮にその親が不十分な子育てをしていたとしても批判はひとまず置いておき、どうしてそのような子育てになってしまうかを考えることが重要である。

われわれは、「この親は愛情が足りない」「親としての責任感がない」などとすぐに点数をつけてしまいがちとなるが、実はそう考えるわれわれ側もそんな愛情論や責任論に縛られているのである。親自身もそんな呪縛から解放されなければならないが、周囲の者や支援者もそこから切り離して考えていかなくてはならない。

そこで重要になるのがアセスメントである。アセスメントとは翻訳すると査定ということである。例えば、自動車の査定というと、走行距離や車種、年式、事故の有無等をもとに評価されるが、これと同じように、その親の子育てについて、親のパーソナリティ、家庭環境、生い立ち、子どもの発育状況等、さまざまな視点からアプローチする。このように親の養育観や人生観まで含めた子どもへのかかわり方を具体的に理解していくことが求められる。

そこでは親の認知の特徴も理解するよう努めたい。そして、包括的にアセスメントすることにより、その親への子育て支援の貴重なヒントが浮かんでくるのである。

一例を挙げると、赤ちゃんの泣きへの対応がうまくいかなかった親がいた。子どもが泣くと異常にストレスを溜《た》め込み、時にはパニックになることもあった。しかし、後々わかったことはその親には聴覚過敏があったのである。それゆえ、わが子の甲高い泣き声が異常に耳に障り、その親は耐えられなかったのであった。

このように親への支援をする際は批判する前にまずはなぜそんなことが起こるのかを適切にアセスメントすることが必要である。

複雑さを排除してシンプルな子育てを目指すこと

近年生成ＡＩが普及し、人間以上に効率的に物事を考えたり作ったりすることのできる存在の恩恵にあずかる機会が増えるようになった。しかし、人を育てることは未だに人の試行錯誤ありきであり、うまくいかなくても、ああでもないこうでもないと苦労しながらやっていくものである。なぜなら個々の子どもの千差万別な発達があって、パターン化しにくいからである。ここに子どもを育てることと、コンピューターを操作することとの違いがある。

子育てのあり方は、子どもの持って生まれた気質そのものが大きく影響するし、しかもそれに加えて、親側のパーソナリティや置かれた状況によっても左右され、その両者の駆け引きの中でさまざまな方向性が生まれてくる。これが子育ての難しさとなってくる。それらをすべてベストに持っていくのは到底不可能である。

それよりも、今実際にできるところは何なのか、何がもっとも必要なことなのかに焦点を絞って子育てをしていくことが、子どもにとってだけではなく親にとっても有効である。つまり、複雑さを排除して物事をシンプルに考え、生活自体を単純化させていくことが重要である。

これまで何度も述べたように、子育ての責任や義務など難しい論理をここに持ってくると、子育てに苦悩する親にはさらなる重荷となり、ますます子育てが順調にいかなくなる。もちろん、その責任や義務がないと考えているわけではないが、そのことでがんじがらめにならないように一旦はそこから解放され、シンプルな子育てや生活を志向することが、結果的にはよい方向を生むのである。

周囲の者や支援者へのワンポイント・アドバイス

親に対してわかりやすく具体的な助言や指導が大切である。目の前の苦悩する親に複雑な指示や抽象的なことを持ち出しても何の役にも立たない。シンプルな思考やシンプルな生活をまず基本にしていくことで、親の方も安心する。

特に、発達障害などの特性があるために聴覚で情報を聞き取ったり、記憶にとどめておいたりすることが苦手である親もいる。そうした場合は、図で示したり文字などで記述したりするという視覚化が有効である。親と話し合ってこうしていこうと決めたことがあれば、それを箇条書きにして普段から目につきやすいところに貼りつけておくのも有効である。これは認知のバイアスがある親に対しても効果があり、間違いや勘違いの頻度も減ることがある。

わかりやすさという点で言えば、回りくどい言い方をせずに、単刀直入に伝えることも大切である。これはコミュニケーションが苦手な自閉スペクトラム症のある親との話し合いでは心掛けたいことである。例えば、言葉の背景にあるメッセージが読み取りにくいので、「○○しては駄目です」という指示よりも、「△△してください」といった言い方がわかりやすい。そして、一度に多くのことを盛り込まれると彼らは混乱するので、必要最小限のことだけを言うことも工夫したい。

等身大の子育てをすること

第8章で子育ての多様性について取り上げたように、子どもの発達の仕方はさまざまで早熟な子もいれば晩熟《おくて》の子もいる。仮に運動や言葉の習得が遅れていても、その後にキャッチアップする場合も結構あり、それこそ発達は千差万別であると述べた。

また、親自身の持っている特徴や能力によっても子育てのありようは違って当然で、そこに不適切なことがなければ「子育てはこうあらねばならない」と縛られる必要はない。親の側の「多様性」がよりよい育児につながるのである。

それなのに親自身が子どもを立派に育てなくてはとの意識が強すぎ、早い成長やより高度な能力の習得ばかりに関心が向けられすぎると、子育てが窮屈になり厄介な問題が生まれてしまいやすい。例えば、わが子の成長を常に他の誰かと比較してしまいやすくなったり、子どもの些細な言動に親が一喜一憂したりしてしまう。

先にも述べたように、その子なりの発達の仕方があるので、親はまずそれを認め尊重していきたいものである。無理をせず、自分ができる精一杯の子育てができれば十分であり、常に等身大の自分を見失わないようにしたい。

特に、親にさまざまな障害がある場合、そのハンディキャップもあって、思うような子育てができない部分もあるかもしれない。そんなときこそ、いきなり上手な子育てを求めるのではなく、できるところから始めながら適切な養育に向けてステップアップさせていくのがコツである。このような段階的なかかわりをすることによって、仮にそれができなくても落ち込みや傷つきが少なく、精神的な副作用も抑えられる。

具体的に言うと、第8章で取り上げた、食事の提供ができなかった母親のδさんを思い返してみてほしい。δさんは見通しや段取りが非常に悪く、親としてあるべき姿にこだわるような認知の問題も抱えていた。そんなδさんが仕事から帰宅後に食事を作るが、段取りが悪く、子どもに食事の提供ができるのがかなり遅い時間となってしまう。2歳の息子はそれを待っていられずに寝てしまうこともしばしばあった。

このδさんは子どもに母親の手料理を食べさせたいという思いと、段取りよく家で料理が作れないというジレンマを抱え、自己嫌悪感や罪悪感さえ高めていった。しかし、普段はレトルトの料理で子どもには我慢してもらい、休日に1、2品の手料理を作って食卓に出すようにした。毎日の母の手料理は無理でも、こんな方法でやりくりすることも立派な子育てと言える。

このδさんよりも深刻な事例もある。その母親は料理がまったくできず、子どもに食事の提供をせずネグレクトを長年続けていた。そんな母親に対して支援者は、すでに調理されていてすぐに食卓に出せる食品を仕事帰りに購入してはどうかと提案した。

確かに、それは母親の手料理とは言えないかもしれないが、子どもが食にありつけ空腹や栄養失調にならなければひとまずそれでよいではないか。この母親にいきなり大きな理想的な目標を掲げて到達できずに苦しむよりも、ハードルを下げ、できるところからやっていくという支援の方が有効である。

この母親は、無理のない自分に見合った支援者の助言を受け入れ、仕事帰りに子どもの好きなコロッケをスーパーで購入し、午後7時には食卓に置いた。すると、子ども達は好きなコロッケを喜んで食べた。母親は、自分の手料理ではないけれども、こんなに喜んで食べるわが子を見て嬉しくも感じた。

そんな報告を受けた支援者は、今度はコロッケだけでなく、別の出来合いの料理を購入してはどうかと提案し、母親は子どもが喜ぶ唐揚げを選択し、同じように食卓に並べた。こうしてどんどん料理の種類が増え、多少は簡単な手料理さえ作れるようにまでなった。しかも時間になると食事にありつけることで子ども達も安心感を持ち、母親自身も不要な罪悪感を抱えずに子育てができるようになったのである。

このようにいきなり高い目標を設定するのではなく、ハードルを下げ、できるところから等身大の子育てをすることが重要である。

周囲の者や支援者へのワンポイント・アドバイス

周囲の者や支援者は親にいきなりハードルの高い課題を要求しても、必ず挫折を伴ってしまう。子育ては技術であるので、最初は初級編、次には中級編というように段階を経ていくことが必要である。

算数を例にすると、いきなり2ケタの足し算が難しければ、1ケタのものから始め、それができると今度は繰り上がりのルールを学んで2ケタができるようになっていく。つまり、ハードルを下げ、スモールステップで徐々にレベルアップしていくことを応援していくのが望ましく、何よりその親が等身大でいられることを手助けしていくことが重要である。

特に親に発達障害などのハンディキャップがある場合、子育てに限らず、さまざまなところでうまく行かない経験がたくさんある。しかも周囲から嫌と言うほどネガティブな評価を受けてもおり、そのことも理解しながら寄り添っていきたいものである。

自分のものの見方を点検してみること

親の中には何度指摘を受けてもそれを忘れて失敗してしまうとか、注意が散漫になって物事がうまくいかないと悩んでいる人は意外に多い。それが子育てに絡むこととなってくるとより深刻で、時には周囲の目にはネグレクトに映ってしまい、非難を浴びるかもしれない。親自身も「他の親はできるのになぜ自分だけができないのか」「自分は親として失格なのではないか」と感じてますます自信がなくなり、周囲の目が気になって閉鎖的な子育てを強いられることさえある。

このような場合、ぜひ、自分の認知のあり方について目を向け、ものを見る際に自分にはどのような特徴があるのかを点検してほしい。ただ、そうは言っても、他者の認知のあり方は比較的わかりやすいが、自分の認知については把握しにくいものである。認知そのものは感情とは違って自分ではなかなかつかみにくい。しかもそこに認知バイアスという歪みや偏りが入ってくると、その見方そのものも歪んで受け取られることも考えられる。

認知の一つである「注意」について取り上げると、それに気がつくためにはある程度自分を客観的、俯瞰的に捉える必要がある。「もうひとりの自分」として、自分とは距離を置いた視点で捉えられるようになれることが望ましい。第7章では、これを「自己メタ認知能力」と呼び、現在進行中の自分の思考や行動そのものを対象化して認識することであると述べた。

しかし、実際には人は自分のことが一番わからないものであり、ましてや自分の見たくない部分については、自分の都合のよいように見たり、見えないようにしたりするなどの認知の歪みや偏りが生じる。

そこで、容易に自分の認知について知るためには、それについてどう思うかといった他者の視点や意見を尋ねてみるとよい。その際に自分の認知の悪いところばかりを指摘されるとへこむので、必ずいいところも指摘してもらうようにするのがコツである。いいところは悪い認知の特徴を補ってくれる大いなる武器にもなるからである。

このように、親は周囲の者や支援者と自分のものの見方をともに話し合いながら、仮に認知のバイアスや課題があるとするならば、認知の修正の方法を一緒に考えたり、それを補うような方法はないかとアイデアを出し合っていったりするのが望ましい。

周囲の者や支援者へのワンポイント・アドバイス

まず周囲の者や支援者がすべきことは、親の言動をよく観察してそこにどんな認知の問題が潜んでいるのかをしっかり把握することである。特に、認知のありようを把握するためには、こちら側がひとりでは気づきにくいところも多々あるので、複数の者が複眼的にアセスメントするとよい。しかも、一回限りではなく、時間を変え、場所を変えて複数回見ていくことも心掛けたい。

仮に、親自身に認知の問題があるとわかったとしても、それを上から目線で指摘せず、親と一緒にそれを点検していこうとする姿勢が重要である。認知の問題は自分の意思だけではどうすることもできないところがあり、しかも生得的なところもかなりある。それゆえそのような親を必要以上に責めたり改善を強く求めたりするのは過酷であり、彼らをますます追い詰めることになる。

認知を変えて適切な行動へと改善を図っていく方法には認知行動療法などの心理療法も考えられるが、そこに至らなくても親と一緒にこれまでの生活や子育てを思い返しながら一つひとつ点検し、しかも否定的な認知のところばかりに目を向けず、強みや肯定的なところもしっかり共有しながら進めていくことが大切である。

事態が悪化しないための回避方法を身につけること

子育ては親にとっては時として逃げられない事態に発展することもある。そんなときに自分自身を客観視できず、自分の中でわき起こっている感情すら見失うこともある。そうなると、ますます事態が悪化し、気がつけば大きな不安にさらされストレスで満ちた状態になり、突然にダウンしてしまうことも考えられる。

また、子どもが思春期にさしかかり、それなりの自我が確立してくると、親子喧嘩《げんか》も熾《し》烈《れつ》になる。時には双方が一歩も引かず意見の対立や論争が過激化して収拾がつかなくなってしまう。特に、親や子どもに自閉スペクトラム症がある場合は、0か100か、勝つか負けるかの二者択一の思考を持つことがあるので、その紛争に折り合いがつけられることなく、相手がダウンしてしまうまでやり合ってしまう。

いずれにせよ、直面する事態や相手から距離を取って冷静になることが必要で、その方法として「回避する」という手段を取ることが極めて有効である。その際、事態が激化してしまってからでは手遅れとなるので、そうならないために前もって対策を立てておくことが重要である。

つまり、極度のストレスや怒りなどの感情に持ちこたえられそうにないとしたら、事前に想定した対処方法で回避する行動を起こすのが最悪な事態を免れるコツとなる。

もう一つ言えば、この回避の方法を周囲の者や支援者とあらかじめ話し合い、危機場面となった際はそのような行動をすることを共有しておくのが望ましい。親にしてみれば、自分の大きな危機場面から逃れるために回避という行動をあえて選択しているが、周りからは「問題から逃げているだけの無責任な親だ」、「事態を放置しているだけの自分勝手な人だ」という見方をされやすい。

そうならないためにも、そのような場面では親は回避の行動をすることを周囲に理解してもらっていると、不要な非難にさらされず、安心して回避を選択できるのである。

周囲の者や支援者へのワンポイント・アドバイス

周囲の者や支援者としては、親が事態を回避したとしてもそこでネガティブな評価をしないことである。親にしてみると、ストレスやわき起こる怒りでいっぱいになっており、その危機場面を乗り越えるための精一杯の行動がこの回避である。

また、そうすることで子どもだけでなく自分も傷つけないとすれば、これらの行動はポジティブな評価をすべきである。

パートナーとの同盟を築くことや家族の協力を求めること

子育ては父親と母親の共同作業である。仮に、両親が離婚したとしてもそれは同様である。また、親だけが行う子育てではなく、子どもはその家族や地域、社会によって育まれていく。そうであるからこそ、子どもにコミュニケーション能力が育ち、関係性が広がり、自然と社会性が身についていく。

しかし、親に発達障害があると、その特性ゆえになかなか人とのつながりが広がらなかったり、子育てにおいても円滑さを欠いてしまったりすることもしばしばある。そんなときに、その親がパートナーとうまく協力体制を組み、力を合わせて子どもの養育を分担できれば理想的であるが、そううまくはいかずに、結果的には一方の親が孤軍奮闘の中での子育てを強いられることがよくある。

そこで提案したいのは、互いに力を合わせるという協力体制は作れなくても、子育てをするという共通目的のために同じ方向を向くという同盟は結ぶことができるかもしれない、ということである。

筆者がかかわった事例で、一方の親は定型発達であったが、他方の親に発達障害があり、うまく協力して子育てができない夫婦がいた。定型発達の親はマイペースでパートナーの気持ちの理解や配慮に欠けている他方の親について、「あの人とは一緒に協力していくことは無理」と何度も語られた。

しかし、その2人には子どもがおり、その子の順調な成長を望んでいたこと、子育てのやり方に考えの違いはあっても子どもに携わっていきたいという気持ちがあることは一致していた。

そこで筆者は、協力体制は無理でも、親同士が同盟を結び子育てに当たってはどうかと述べた。すると、双方がそれを受け入れ、パートナー間での葛藤が少し和らいだ。

この同盟の意味は、相手との子育ての分担とか協力とは少し意味合いが違い、自分とは養育のあり方が違えどもそれを尊重して否定はしないということである。これまでは一方の親がしていた子どもへの対応一つひとつを他方の親が否定し非難していたが、それらはやり方は違っても子どものことを考えてのこととしてまずは認め合う。それさえできればとりあえずよしとしようとするのがこの同盟である。

子育てを分担することや協力するというのはこの同盟ができて初めて成立するが、それは高度な作業となる。したがって、まずは同盟を結ぶことから始めるのが妥当と言える。同盟を結んだパートナー間、もしくは家族間で子育てが進行し、次には分担や協力という課題へと向かうが、それを早急に期待せず、ここでもスモールステップを基本にしたい。

周囲の者や支援者へのワンポイント・アドバイス

親に何らかの障害があるとすると、それに困らされるのは本人だけではなく、そのパートナーや家族も同じである。しかし、そのパートナーや家族からの助言や指導はなかなか本人には通じず、しだいに無力感に陥ったり、大きな葛藤や紛争へと発展したりしかねない。

「カサンドラ症候群」もその一つと考えてもよい。カサンドラ症候群というのはギリシャ神話のトロイ王の娘として生まれたカサンドラから取られた。神アポロン（恋人）から予言能力を授けられるのであるが、アポロンの愛が冷めていくことを予言した。そのため、アポロンはカサンドラの予言は信じないようにとの呪いをかけたという物語である。

この症候群は診断名ではないが、「誰にも信じてもらえない」という自閉スペクトラム症者のパートナーの孤独や苦悩がカサンドラに似ていることから名付けられた。

このように自閉スペクトラム症のある人のパートナーはいつも不可解で理不尽な当人の後始末をさせられ、しかもそのことを当人はまったく認識していない。そのため、パートナーは低い自己評価とならざるをえず、混乱や当惑、疲労、睡眠障害、偏頭痛となってしまい、怒り、抑うつへと追いやられたり、罪悪感を抱いたりすることもある。これがカサンドラ症候群の症状となる。

パートナーはこのカサンドラ症候群に陥らないために適切な理解者や支援者を見つけておくことが大切である。そうでなければ、障害のある親もそのパートナーも共倒れとなってしまい、子ども自身も大きな痛手を負ってしまう。

また、支援者はどうしても障害のある親だけを支援の対象にしがちとなるが、そのパートナーや家族がいかに苦悩しているかを理解し、そこにも支援の手を差し伸べる必要がある。

医療機関の活用と専門家の援助を求めること

発達障害がある親はその特性ゆえにさまざまなストレスを抱えやすく、それがうつやパニックなどを併発させ、発達障害とは別の二次障害で苦しむことも少なくない。中でも子育てを強いられる親には養育の大変さもあって、それがより顕著となることもあり、ますます複雑で困難な状況に追いやられやすい。そして、そのことを本人も周囲も見過ごしてしまうと、親自身だけでなく子どもやパートナー、家族にも取り返しのつかない危機状況に、事態が発展する恐れも生じてしまう。

そこで、当たり前のことを言うようだが、自分の努力でなんとかしようと考えないで、早期に医療機関に相談し、適切な助言や治療を受けることが大切である。医療機関では、専門家がしっかりとしたアセスメントをして診断をし、そのときの困った状況に対する解決策を助言してくれたり、場合によっては少しでも落ち着いた生活が送れるようにと投薬などの処方をしてくれたりするかもしれない。

薬を飲むことに抵抗がある人も中にはいるかもしれないが、それによって症状が軽減し、にっちもさっちもいかなくなった生活に多少なりとも流れができ始めることもある。そうなってくれれば、少し先の展望も開ける。

ところで、発達障害のある人は対人関係が円滑にいかず、「あの人は誰の助言にも耳を貸さず、かかわりが難しい」と言われることもあるので、医師ともうまくいかないに決まっていると思うかもしれない。しかし、そういう人であっても、非常に相性がよく意気投合する人と巡り合うこともしばしばある。医師ともそんな出会いとなって、その人の人生を変えることだってある。

第6章で紹介した2歳まで母乳で育てることに固執し、周囲の助言や指導が入らないと思っていた母親Nさんを思い出してほしい。この母親は尊敬する女医から言われた一言でミルクに代えた。発達障害のある人にとって、このように相性がよく、その人に敬意が払われ、その人の言うことなら何でも受け入れるという人物を「カリスマティック・アダルト」と呼んでいる。

ハーバード大学のロバート・ブルックスは、発達障害の子どもの成長にありのままの自分を受容し、課題をきちんと指摘してくれるカリスマティック・アダルトとのかかわりの重要性を述べており、ここで言うところの女医との巡り合わせがこの母親にとってはカリスマティック・アダルトとの出会いと言ってもいいのかもしれない。

周囲の者や支援者へのワンポイント・アドバイス

発達障害のある人が医療機関を受診することに抵抗がある理由の一つに、自身が発達障害であるという認識を持っていないことがある。身体障害と違って、外から見えにくい障害であるだけに、障害の特性を性格であると考えていたり、一つの癖や個性であると受け止めてしまったりしやすい。しかも、「障害」という診断名はどこか人格をけなされたようにも感じられるため、ますます医療機関への足は遠のいてしまう。

そのため、周囲の者や支援者は単に医療機関への受診を勧めるだけではなく、受診するメリットをしっかり伝えてあげることが大切である。そうでなければ、診断名がつけられただけで終わってはそれこそ意味がない。

そのメリットの一つは、子育てをはじめとする物事の円滑にいかない原因が少し明らかになり、自分のせいではなく障害の特性がそうさせていると理解できることである。そのメカニズムが本人にわかってくると、自分を責めたり卑下したりする必要がなくなり、今度はその特性とどう向き合い対処するかという前向きな解決へと導かれる可能性が出てくる。

そのほかにもメリットは多くある。やはり専門医であるので、さまざまな事態への対処法を知っており、的確なアドバイスをくれることがある。時には、二次障害となっている不安やうつ、不眠などへの治療もしてくれるであろう。発達障害そのものの治療は投薬ではできなくとも、二次障害を改善させることでずいぶん荷が軽くなることもある。

子育て支援で利用できる資源は、市町村によって違いはあるものの、育児支援家庭訪問事業として定期的に育児支援のヘルパーが派遣されたり、外出支援をしたりしてくれるところもある。知的障害を伴う親の場合は療育手帳が、精神障害を患っている人には精神障害者保健福祉手帳が交付され、そのような認定を受けるとより多くのサービスを受けられもする。この点も医療機関を受診するメリットである。

以上述べてきたように、子育ての技術を習得するためのコツや支援をする際のコツを列挙した。ただ、すべてがこれに当てはまるとは限らない。なぜなら、すでに述べたように子育てには多様性があり、子どもにとっても親にとっても、いろいろなやり方があって当然だからである。どれが正解というわけでもないし、試してみて自分に合った技術を少しでも多く見出していくのが、望ましい子育ての技術と言えるかもしれない。

あとがき

本書は単なる育児書ではない。

親が何らかの事情があって子育てにつまずいたり、発達障害などの特性があるために子どもの立場に立てなかったり、共感性やコミュニケーション力が乏しく子育てに苦悩する。そんな親への子育て支援について書かれたものである。

こうした人の中には子どもに愛情がわかない、子どもへの注意や関心がそれてしまうといった問題を抱えている人も少なくない。そんな親に少しでも役立ててもらおうと、子育てについてのあり方はもとより対処法について取り上げ、応援メッセージやエールを送り届けるつもりで本書を執筆した。これらの内容は発達障害のある親だけに限らず、子育て中である定型発達の親にも十分に参考にしてもらえるものだと思う。

子育て中、あるいはこれから育児をしようとする多くの人に手に取って読んでいただきたいし、その親を見守る家族や周囲の人、そして支援する専門家の人たちにもヒントとしていただけると幸いである。

筆者としては、本書を読んで「少しは子育てに余裕が持てた」「子育ての技術を少しずつ身につけ養育がスムーズにできるように感じた」等と言ってもらえることを切に望んでいる。

執筆に際して、朝日新聞出版の大坂温子さんには出版をしてみないかとお声をかけてもらい、しかも全体の柱立てから細かなところまで的確な助言をいただいた。心から感謝を申し上げたい。大坂さんのサポートなくして本書の刊行は実現しなかったであろうと考えている。

最後に、妻にも普段は面と向かって言えないが、この機会に感謝の気持ちを伝えたい。私と妻には3人の子どもがいるが、妻は仕事で忙しい私をこれまでずっと支えてくれ、その傍ら子どもを育て上げてくれた。当時の子育てに奮闘する妻の様子を本書ではずいぶん参考にさせてもらった。感謝の気持ちでいっぱいである。

なお、本書は日本学術振興会の基盤研究（C）の「ネグレクト死亡事例における虐待親の認知要因についての研究」（課題番号21K03078）と、同じく基盤研究（B）の「ネグレクトをする親の認知アセスメントツールの作成と支援方法についての研究」（課題番号24K00343）の研究成果の一つであることを追記しておく。

二〇二四年十一月

著　者

参考文献

第２章

Sullivan, P. M. & Knutson, J. F. (2000) : Maltreatment and disabilities : A population-based epidemiological study. Child Abuse & Neglect 24 : 1257-1273.

細川徹、本間博彰（２００２）：「わが国における障害児虐待の実態とその特徴」 平成13年度厚生科学研究（子ども家庭総合研究事業）報告書、第６／７、３８２－３９０

杉山登志郎（２００６）：「子ども虐待と発達障害：第４の発達障害としての子ども虐待」小児の精神と神経、46（1）、７－17

第３章

堀田恵美（２００８）：「ダイバーシティに代わる注目のキーワード『インクルージョン』」『企業と人材』９２６、39－41

第７章

「文春オンライン」特集班、文春オンライン、２０２２年1月27日配信記事

高橋ユキ、文春オンライン、２０２２年2月9日配信記事

朝日新聞「車内放置「ほぼ毎日」高松・姉妹死亡で被告」香川県版、２０２１年2月17日朝刊

朝日新聞「育児と孤独、ひとごとじゃない　姉妹車内放置死１年」香川県版、２０２１年9月4日朝刊

James, W (1890) : *The principles of psychology.* Mineola, NY:Dover publications.

西澤哲（１９９４）：『子どもの虐待——子どもと家族への治療的アプローチ』誠信書房

第8章

黒田公美「親と子～絆はどのように育まれるのか」(https://www.youtube.com/watch?v=UdchCma-nBE) ２０１４年2月24日公開

第9章

Grotberg, E. H. (1995)：*A guide to promoting resilience in children : strengthening the human spirit.* Bernard van Leer Foundation.

Grotberg, E. H. (2003)：*Resilience for Today : gaining strength from adversity.* Praeger.

橋本和明 はしもと・かずあき
1959年、大阪府生まれ。国際医療福祉大学教授。専門は非行臨床や犯罪心理学、児童虐待。名古屋大学教育学部を卒業後、家庭裁判所調査官として勤務。武庫川女子大学大学院臨床教育研究科修士課程修了後、花園大学教授。児童虐待に関する事件の犯罪心理鑑定や児童相談所のスーパーバイザーを行う。現在、内閣府こども家庭庁審議会児童虐待防止対策部会委員。公認心理師試験研修センター実務基礎研修検討委員。日本子ども虐待防止学会理事。日本犯罪心理学会常任理事。主な著書に、『虐待と非行臨床』（単著、創元社）、『非行臨床の技術――実践としての面接、ケース理解、報告』（単著、金剛出版）、『子育て支援ガイドブック――「逆境を乗り越える」子育て技術』（編著、金剛出版）、『犯罪心理鑑定の技術』（編著、金剛出版）などがある。

朝日新書
981

子《こ》どもをうまく愛《あい》せない親《おや》たち
発達障害のある親の子育て支援の現場から

2024年12月30日 第1刷発行

著　者　橋本和明

発行者　宇都宮健太朗
カバーデザイン　アンスガー・フォルマー　田嶋佳子
印刷所　TOPPANクロレ株式会社
発行所　朝日新聞出版
〒104-8011　東京都中央区築地5-3-2
電話　03-5541-8832（編集）
　　　03-5540-7793（販売）

Published in Japan by Asahi Shimbun Publications Inc.
ISBN 978-4-02-295292-9
定価はカバーに表示してあります。